下班後賺更多

賺更多

記帳、存錢、再投資，
富朋友的「破窮理財法」
提早20年退休不是夢！

富朋友理財筆記站長 艾爾文 著

suncolor
三采文化

【作者序】

寫給每個想要理財的人

本書出版四年前，我跟大部分人一樣是領著薪水度日的上班族。如今，我已經能夠依靠自己的投資收入及被動收入過我想要的生活；我可以選擇為自己工作，在上班日到無人的電影院欣賞電影，或是避開假日人潮到郊區遊玩。我的時間可自由分配，我的人生可以自己掌握。

能夠現在就擁有這樣的生活，是因為我提早開始自動化理財。

問你一個問題：你覺得在投資理財上成功是件簡單的事嗎？在回答這問題前，先提供我從別人身上觀察到的現象：多數人對理財都不太擅長。為何會如此？照理說國人的理財能力都應該有一定水準，每年有超過百本的理財書被出版，電視台也經常播放以理財為主題的節目，但為何那麼多人還是不知道該如何理財？或是對理財感到排斥，害怕投資？

我的看法是：過多的理財資訊充斥在你我身邊，反而將簡單又有效的方法給掩蓋住了！

投資理財其實可以很簡單，這是我超過十年經驗得來的體會；只是當我還是理財新手時，我並不這麼認為。起初，我是個喜歡追

求複雜理財方法的人，就好像早一輩人認為生病要吃苦藥才是有效，我以為理財就是要複雜，不然肯定無效；投資也是，以為要深奧的數學計算才叫投資分析，要掌握少數人知道的資訊才會賺錢。

後來隨著經驗累積，我才發現過往的理財行為中，許多「招數」根本可以省略不用，甚至還因為多餘的行為損失更多金錢。

雖然四年前的我還是上班族，但可別誤會這是一本教人快速致富的書，我並非短短四年就達到這般成果，在那之前我已經累積超過六年的投資經驗，前後的理財時間加總長達十五年，雖然過程中我花很多時間在沒有效率的方法上，不過有一點可以確定，過去的理財方法幫助我擁有今天的生活。然而，如果讓我重來一次，我會捨去那些不需要的過程，採用省力又有效的理財方法，直接打造我的自動化理財系統。就如同現在可以不用花心思去管理財務，不用花時間去操作投資部位，它們仍然會照計畫自動運轉。

這本書也就是為此而生，雖然我無法再回頭重新走理財路，但我知道有許多人跟我當初一樣，正在嘗試各種理財方法卻仍無明顯成效，或是想要學習理財卻不知從何開始，如果你是其中一位，我堅信藉由此書能夠幫你縮短摸索時間，提前找到受用一輩子的理財方法。

富朋友理財筆記站長

CHAPTER **1** 存小錢靠記帳，賺大錢靠投資
30歲前擁有財務自由的人生

CHAPTER **2** 存下50%年收的富朋友記帳法

CHAPTER **3** **讓收入變儲金的金流管理密技**

CHAPTER 4 提早 20 年享受人生的穩健投資術

Contents

富朋友的致富分享

想要破窮又致富
就靠這5個理財工具表

【前言】

因為理財，
我的人生更自由

我永遠忘不了這一天，2008 年的 7 月 29 日。

當時美國次級房貸引起的全球金融海嘯正要來到最大浪頭，距雷曼兄弟宣布倒閉引起的股市大跌還有二個月，但一個可能改變我人生的危機卻已先突襲了我。

一場意外帶來的警惕

那天早上我依平時作息起床，由於要提早到公司，所以我略過每天的晨讀，在浴室盥洗後便拿起包包出門。也許是工作較繁忙，當時我只覺得沒睡飽眼睛有些疲累，但還是沿著樓梯走下樓，騎上陪了我一年的二手機車，一個迴轉到對向車道準備催油門往公司騎去。

就在那時，我的手不自覺按下煞車，因為我發覺眼前應該熟悉的街道怎麼跟平時不一樣！映入眼簾的全是「一對」的影像：兩台一模一樣的車子、兩個一模一樣的路邊招牌，連馬路中央的交通線也分成兩個。奇怪的是，兩兩成對的影像中有一個只是殘影。當下

我就知道不對勁，趕緊回到住處，這時上樓才發現剛剛走過的樓梯也變成雙重影像，此時才想起為何昨晚睡前看電視特別吃力，字幕比以往還不清楚。

跟公司請假後，馬上去醫院掛號找眼科醫師檢查。後來確診是大腦裡掌管右眼肌肉的腦神經中風麻痺，俗稱「複視」，這會造成眼睛所見的物品都變成兩個。當時醫生說這種症狀只能等待自行好轉，最壞的情況就是一輩子都這樣。那年，我才滿 28 歲，我的人生還有很長的路要走。

後來，我跟公司請了長假，心想會不會是這陣子工作太忙，直盯著電腦檢查工程電路的關係。當下我只希望我的眼睛能快點復原，雖然我不知道這天什麼時候才會來，還是根本不會來，但是每天早上起床的第一個念頭就是盯著天花板，眨眨眼睛看看照明燈是一個還是兩個影像。很可惜，那段日子所有物品在我眼裡始終是兩個，我心中也開始盤算是不是有可能失去依賴雙眼的工作。

雖然我並不擔心短期沒有工作，因為那時我在股票上的投資已經有不錯的回報，加上學生時代就開始存錢理財，所以銀行裡有一定的金額可支撐我生活。不過如果我的眼睛真的一輩子都無法恢復，勢必要提早面對收入來源改變，以及收入減少的可能。

很幸運的，這種凡事都看到一對影像的生活只是暫時，約一個月後眼前看到的兩個影像終於合體，我的眼睛恢復正常，生活開始重新步上軌道。

單一收入型態並不安全

　　然而，我心裡卻對這突來的工作危機仍抱著極大的不安全感，我開始思考工作收入型態對我人生的重要性，以及生活需仰賴薪資收入帶來的不確定性。我知道我必須更積極的理財，讓我的投資收入更穩、更多，讓我的收入來源更廣泛。眼睛康復後，我除了比以往更積極的投資理財，也開始整理過去學到的各種投資理財觀念，並且優化理財系統，增加存錢效率，希望能加快我邁向不同階段的財務自由。

　　2011 年年底，我在逐漸實現不同階段的財務自由目標同時，開始試著將自己結合存錢與投資的自動化理財心得分享在部落格上，取名叫「富朋友理財筆記」，希望用協助別人理財的心態來分享我的理財觀。

　　起初，我只是跟周圍好友分享這部落格，沒想到網路上有愈來愈多人來到我的網站並認同我所分享的觀念，每日瀏覽人數也從幾十人開始，成長到每日幾千人、最高單日破萬人，而我的電子信箱裡也收到愈來愈多詢問理財方法的信件，有的是因為領第一份薪水想要開始存錢理財（第 2 章教你存下 50% 年收入），有的是夫妻想要共建美好的理財藍圖（第 3 章功能帳戶理財法規劃好未來花費），有的是希望透過投資累積更多財富（第 4 章穩健投資術讓你提早退休），也有的因為深陷債務不知該怎麼辦（第 3 章滾雪球還債法教你如何走出債務）。

我的方法，讓你理財更輕鬆

如果你看完我的故事也開始意識到投資理財的重要，或是提早退休、財務自由原本就是你盼望的事，抑或是你始終找不到改善自己財務的方法，本書介紹的理財觀念與建言會是你要的。**無論你是剛領第一份薪水的人，還是在職場工作多年的老鳥，也不管你的身份是上班族、創業家、學生或是主管家務的人，書中的方法都可以提升你或你的家庭對財務有更高的掌握度。**從我獨自研究的記帳方法讓你能夠存到更多錢，到一步一步檢視收入現金流、改善財務體質、建立完善的財務保護網，最後再透過穩健的長期投資策略幫自己建立多重收入來源，完成一整個自動化的理財系統。

這套建立自動化理財系統的步驟不僅簡單，也是我親自驗證過而且一直在實踐的理財方式，它讓我的財務能夠自主，也讓我對生活更加滿意，可以選擇自己熱愛的工作又不會擔心收入不足；書中每個讓財富增長的方式都很簡單、易懂，唯一需要的就是你付出行動，踏出學習改變的那一步。相信只要你肯花時間執行，就能打造出專屬於自己的自動化理財系統，讓存錢跟投資理財都變得更輕鬆，能夠提早退休，提早達成財務自由。

本書集結我過去十多年的理財經驗，以及從輔導他人理財過程中觀察出一般人缺少的理財知識，一步步將自動化理財的方法整理出來。內容可分為四大章：第一章描寫我是如何從零到有開始踏入投資理財的世界，拿著學生時代存到的十萬元開始我的投資人生；第二章將告訴你為何記帳是投資理財最重要的基本功，如何透過記

帳讓你不需增加收入，就可以存下更多的錢；第三章是教你如何把
財務體質調整到最好，為自動化理財系統打下基礎，每個月存下固
定的錢去投資，讓自己的財富資產穩定成長，不會被突然來的緊急
花費給打斷；第四章是達成財務自由的關鍵，在這部分我會分享如
何用不複雜的穩健投資策略，讓你每月存下的錢複利成長，建立投
資收入來源，打下財務自由的根基。

現在，就一起跟著此書往財務自由邁進吧！

富朋友語錄

與其靠老闆加薪去理財，
不如靠自己理財來加薪。

理財自我檢視

進入第 1 章前試著回答以下問題，更能幫助自己學習理財知識。

Q. 每月存錢占收入比例？（如收入 3 萬存 3 千，就填 10%）

現在 _____ ％　　　目標希望存到 _____ ％

Q. 以當前物價來衡量，每月需要多少收入才能退休？

我每月需要至少 _____ 元來支付基本生活費 (R)

若考量每年平均上漲 2% 的物價指數，上面每月所需變成：

10 年後，我 ____ 歲，需要 R × 1.2 = _____ 元才能退休

20 年後，我 ____ 歲，需要 R × 1.5 = _____ 元才能退休

30 年後，我 ____ 歲，需要 R × 1.8 = _____ 元才能退休

40 年後，我 ____ 歲，需要 R × 2.2 = _____ 元才能退休

Q. 如果手邊突然多出 10 萬元會如何運用？

提醒：閱讀完整本書後，記得再回來此頁對照原先想法。

1

存小錢靠記帳，賺大錢靠投資

30 歲前
擁有財務自由的人生

回顧我十多年的投資理財經驗，

記帳與存錢可說是最重要的基本功。

記帳猶如編製個人的財務地圖，

透過定期記錄收支掌握金錢流向與消費習慣，

找出最有效率的存錢方法。

然而，單靠收入與存錢並無法致富，

還需要靠穩健的投資，才能讓存款從小錢滾成大錢。

若能再發展出專屬的自動化理財系統，

將讓理財變得更輕鬆，早日達成財務自由的目標。

學生時就勤記帳 10萬本金這樣來

讀研究所時我就開始為投資做準備，還記得那時為了存錢，我告訴自己要少花錢買飲料喝。當時我算過，如果一星期少喝一次15元的飲料，一年至少多存780元；少喝個五次，一年就可以存下近4,000元。要知道，4,000元對一個學生來說可以做很多事，所以當時我就下定決心：除非真的受不了，絕不花錢買飲料喝。既然都下決心了，也就開始過著每天帶空寶特瓶到學校裝水喝的生活。一年過去後，你覺得我有沒有存到錢？還真的有！而且存下來的錢超過原本預計的4,000元，算算那一年我才花不到十次錢去買飲料。為什麼我會記得那麼清楚？當然不是刻意去計算每天有沒有買飲料，是因為我持續在記帳。也因為有記帳，所以每天回到家記錄當天支出時，都等於是重新提醒自己別花錢買飲料的目標。

因為記帳，看到身價不斷成長

在剛開始記帳時，不像現在那麼方便，隨時用手機就可以記錄，所以我只是在空白筆記本上畫幾條橫線就開始記帳，每天回家就把當天的花費用流水帳方式記在本子上。也因為每天都會做一次當天支出的「回顧」，所以我可以清楚知道自己的錢都流到哪裡。

也因為支出「看得見」，偶爾多花了不必要的錢就會馬上得到提醒。更重要的是，我慢慢感受到我「身價」在成長。

當然，對一個學生談身價似乎太早了些，不過我後來才知道，當初這種追蹤自己個人淨值的過程，確實可以讓人更有動力去存錢。那時我習慣每個月都總結一次收入與支出，查看銀行戶頭的存款變化，如果當月存款有增加就會很高興，如果持平或是減少就會試著從流水帳中找出多花錢的原因。對我來說，這過程就好像玩瑪利歐遊戲，為了能更快、更高分的破關，會想辦法得到每個金幣。而這種遊戲般的存錢過程，並不會讓我覺得是在省錢，反而是一種相當有趣的挑戰。

果不其然，經過一年努力記帳的生活，我清楚掌握自己的收入與支出情況，也有效控制支出。此時連同大學時代存下的錢，銀行存款已經超過 10 萬元，扣除其他計畫中的開銷，我拿出 10 萬元做為我的第一筆投資本金，讓我比同期朋友更早開始踏上投資路。

大四開始的投資人生

　　不過如果要說到我的理財「年資」，就得從我 16、17 歲時說起。某天無意間我在家中翻到一本理財書，書中講的一堆觀念在那時我還不是很懂，不過其中一個複利公式引起我很大的興趣，雖然對現在的我來說，那本書沒有寫出複利的重要關鍵，但還是讓我認知到及早投資的重要，也讓我意識到金錢的時間價值：**經過有效的理財投資，金錢會隨著時間增值，反之則是貶值**。所以我常會告訴想要學習理財的朋友，現在手上的 100 元，不能真的當 100 元花掉，因為如果把這 100 元拿去投資，十幾年後可能等於一張 1,000元。你以為花掉的是 100 元，其實是 1,000 元。

　　雖然對金錢管理的觀念起步早，不過真正踏上投資人生是在我大四即將畢業時。因為確定錄取研究所，所以空出很多的時間可以進一步研究投資，那時網路資訊還不像現在那麼發達，我就去了住家附近的書店，尋找關於投資股票的書來研究。

　　走進書店沒多久，一本書名打著股市奇才的投資書就吸引我的目光，書介說到這位奇才以 100 美元起家，經過多年股票投資後身價已超過 100 億美元，當下我心想：「這麼厲害的投資人物當然要好好拜讀一下！」事後才得知，這位投資大師早已享譽財經界，就是擁有「股神」封號的華倫・巴菲特（Warren E. Buffett）。也就

是從那時開始，巴菲特與他的投資哲學深深地進入我的腦海，成為我在日後各項投資中最根本的核心觀念。

　　記得當時為了搞懂書中寫的巴菲特投資觀念，還有作者觀察巴菲特得來的企業價值計算方法，我還特地去英文網站下載巴菲特投資過的企業財務報表來對照計算，無形之中也幫自己打下衡量股票價值的基礎。現在我常用來衡量公司股票價值的方法，就是從那時開始慢慢修正而來（詳見第 4 章挖掘好公司價值公式）。

富朋友語錄

花錢，只滿足瞬間的欲望；
存錢，能滿足夢想的渴望。

巴菲特教我的事 抱著好股錢自動流進來

在研究所時代存下 10 萬元投資本金前,我已經持續研究股票投資超過一年多的時間。這段期間我並沒有投資任何的資金,只是專心吸取各種投資資訊;一來是因為覺得投資本金還沒存夠,二來是想先練功站穩腳步才開始。

那時除了持續閱讀價值投資相關的書籍外,也研究了共同基金投資的策略,所以在我決定要「真槍實彈」提錢上戰場時,我把 10 萬元的本金分兩份:分別投入股市及一檔台股共同基金裡。一年多後,這檔基金在定期定額扣款下,賺到 24％的投資報酬率。

　　相較於基金，另一邊的股票投資就沒那麼亮眼，在進進出出的短期買賣操作下，最後出清股票回來的錢比我原始本金還少一些，而當時的台股正是在往上走的趨勢，所以我人生第一次的股票投資就以虧損收場。也因為長抱基金的獲利明顯比短期不斷進出股市來得多，讓我更感受到長期投資的重要性。

　　有了第一次「長期賺錢，短期虧損」的投資經驗，我更加確認透過長期持有價值型公司股票，才是讓人財富穩健成長的投資方法。所以在往後的投資路上，我除了部分資金是採波段操作外，大部分的核心投資仍舊以價值投資為主，我會耐心地等待好公司股票來到設定的買點，然後一抱就是幾年以上。

　　而且隨著持股時間愈來愈長、投資經驗愈來愈多，我漸漸感受到價值投資帶給我的真正好處：**就是在不用擔心投資虧損的情況下，仍然能夠專心忙著自己工作和生活大小事，而銀行戶頭每年都會有令人安心穩定的投資收入自動流進來**。這也是我後來眼睛發生複視問題時，心裡對於暫時失去工作，卻沒有太大經濟壓力的原因。

收入不會讓你致富
儲蓄與投資才會

對大部分的人來說，努力工作賺取公司給的薪資是維持生活的唯一方法，少部分的人才會走上創業路自己做老闆。也因此，如何透過薪資收入來理財就顯得更為重要，因為如果沒有透過有效率的儲蓄與投資理財，在當今這個物價不斷上漲但薪資卻凍漲的年代，很難靠固定薪水就達成我們想要的生活，更不用說可以安心退休，或是提早財務自由享受人生。

而且愈是努力埋首工作的人愈會忽略一點：以為只要努力工作，將來因為職位升遷伴隨的薪水調漲，累積下來就足以支付你的退休生活。這點不能說有錯，但在這個年代也不能說一定正確。我常提醒周圍的朋友要有警覺心：**現在已經不是靠一份收入來源就可以安心退休的時代，如果想要晚年安心退休，儘早為自己創造第二份以上的收入來源比較好。**更何況多數上班的薪資收入還得依賴公司，即使員工非常地努力工作，也不能擔保公司在自己退休前都一定能順利發出薪水，不是嗎？

如果就職的公司在自己 40 歲前就倒閉，我想還算不幸中的大幸，因為年輕還有機會找到下一份工作；但如果是 50 多歲這種快要退休但又還不能退休的年齡呢？在這個年紀遇到公司發生經營

危機，那就連自己的人生也要同步發生危機了！

　　再來，工作收入成長也不代表自己的儲蓄或資產就一定會增加，反而是很多人因為加薪了，生活品質也跟著提高，一不小心就讓自己掉入更大的債務陷阱裡。這也是為何許多能夠提早退休的人，不見得退休前的工作收入就很高；反之，有些高收入的專業人士，工作到了五十多歲都還不能安心退休，甚至負債累累。其實想要提早退休或安心退休，收入只決定了一部分，真正能夠讓我們致富的，還是在於如何運用收入所累積下來的儲蓄，以及往後的投資。這些都會在後面第 2 章及第 3 章有更多的說明。

富朋友語錄

　　　存錢，是為了走更遠的路；
　　　理財，是讓路變好走。

2

存下 50% 年收的
富朋友記帳法

大家都知道理財很重要，

只是該如何踏出成功的第一步？這問題可是困擾不少人。

其實，一切的基礎就在於記帳，

只要練好記帳基本功，個人的財務狀況就會清清楚楚，

日後想要存錢還是投資都一定會更輕鬆。

你有多少錢可以理財？記帳的重要性！

很多想學理財的人，常常會問我：「學理財要如何開始？」此時我都會反請教對方：「你有多少錢可以理財？」會這樣問就是想知道對方是否真的準備好開始理財。而判斷有沒有準備最簡單的方式，就是看看平時有沒有做好理財的基本功——記帳。

你知道昨天花了多少錢嗎？上個月的生活費支出是多少？今年為止跟去年同期相比，支出是變多還是變少呢？要知道這些答案都必須從記帳開始。

記帳對個人理財的重要性，就如同經營一家公司需要有財務報表，要詳細列出公司的營收、管銷與支出，一來是為了要向股東報告公司的營運狀況，二來是如此才可以追蹤每月、每季、每年的營運績效。

而個人理財的記帳本，其實就跟公司的財務報表意義相同，目的也是要增加自己的理財效率，還有知道自己有多少資金可以用做投資。只要看看以下個人與公司營運的對照方式，你就會更清楚我的意思：

個人工作收入 ＝ 公司的營收
個人生活費 ＝ 公司的營業費用
個人理財投資 ＝ 公司的投資項目
個人存款 ＝ 公司的短期現金
個人房子、車子 ＝ 公司的固定資產
個人收支現金流 ＝ 公司營運現金流

仔細看後，有沒有覺得個人的財務真的跟經營公司沒兩樣？也就是說，要了解一個人的財務狀況就跟了解一家公司的財務報表是一樣的。而一個人的財務狀況最基本的就是要從記帳開始，把自己身上的現金流向都記下來，最後再去整理歸納，日後比對時就能知道自己的「營運趨勢」。例如：

花在生活的費用占收入多少比例？
能否知道年度最大的花費項目？
每年預估能存下多少錢？
每個月有多少錢可以用做投資？
經過回顧後，有哪幾筆消費是可以省下的？

某次我在接受雜誌採訪時提到這個觀念：每個人都應該把自己當成一家公司來經營，如果公司每年都需要仔細審閱財務狀況，也會透過財務報表來追蹤績效，那為何個人就不需要呢？如果一個人可以認真地把自己視為一家公司管理收入與支出，其財務狀況一定會愈來愈好。

記帳，是成為有錢人的關鍵

美國商業作家湯瑪斯・史丹利（Thomas J. Stanley）曾長時間實地訪察美國多位百萬富翁的生活型態，最後找出這些人如何變有錢的祕訣，並集結成書《The Millionaire Next Door》。

而我看完整本書得到最重要的一個結論就是：有錢人擅長管理自己的金錢，而且他們都有記帳的習慣，清楚自己的財務狀況。他們能夠掌握自己的各項開銷，甚至在年底時就會把隔年的預算與該花費的錢都規劃好，之後也幾乎能把各項花費控制在當初規劃的範圍裡，就這樣透過長年的記帳習慣，把自己賺來的錢不斷地擠出來做投資，最後讓自己成為擁有百萬美元資產的富翁。

重要的是，這些人幾乎都是白手起家的富一代，完全靠自己努力賺錢一點一滴存下來而變富有，只有極少部分是繼承上一代的財產。而且這些人並不全是高收入族群，日後照樣成為有錢人；可見收入高低不是決定你有沒有錢的唯一條件，懂得管理金錢也很重要。

所以，該如何開始理財呢？首先就是問問自己：「我有多少財可以理？」而要知道有多少錢可以理就得從記帳開始，尤其電腦的 Excel 軟體很方便，只要做個簡單的表格規劃就可以開始記帳，加上是電子檔案保存上就更為方便，日後要追蹤帳本也就十分容易。

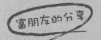

記帳能帶來理財動力

在此分享我個人透過記帳得到的體驗：記帳可以讓人有成就感。每年 12 月底我都會利用記帳本檢視年度收入與支出，如果發現自己有控制好各項開銷，心中就會很有成就感，而這股成就感會讓我產生更大的動力繼續理財。相信只要你開始記帳，你也會得到相同的體驗！

記帳記在收入進來前 事前規劃是重點！

現在我們都知道理財要從記帳開始，接下來我要再提醒一個大眾對記帳常有的誤解：認為記帳是錢花出去後才要關心的事。一般來說，記帳就是把每筆消費如實記錄下來：今天吃了 70 元的便當，回家後就記伙食費 70 元；下午買一杯拿鐵 100 元，就用手機記錄飲料費花 100 元，大部分的人都是這樣記帳的吧？這樣的流程並沒有錯，但如果記帳的用意只是留下一筆又一筆消費紀錄，不只低估記帳的好處，也降低記帳在理財中的重要性。**記帳的目的，除了是記下每筆消費外，更應該要在錢花掉之前就先規劃好能存下多少錢**，甚至是在收入進來之前就規劃好日後可能支出。

事前規劃，說穿了就是要有預算，不過依我的經驗，理財時只要提到預算二字，多數人都會莫名的頭痛腳痛，心中開始有排斥感。但你放心，現在我們要談的只是小預算，比較不複雜，只需專注在每月的資金分配就好，要做的就是在收入進來後、花費支出前就把帳預先記好。

為什麼記帳要記在收入進來之前？這邊我要先透露一個存錢的重要法則：先支付你自己。我在第 3 章會有更多的說明，這邊你先了解概念就好。

先分配再支出

有個存錢觀念你應該不陌生，就是要先儲蓄再支出，意思是當收入進來時先扣掉自己想要存下來的錢，剩下的才是當月可以花用的錢，透過先強迫儲蓄的方式來控制支出。不過這觀念沒說清楚會讓人誤解，以為扣得愈多就能存下愈多，結果為了多存一點錢，反而讓自己像個苦行僧每天吃小黃瓜配稀飯，只為了存下一開始設定的數目。

記帳記在收入進來之前的觀念雖然類似，不過它不是單純先扣除儲蓄而已，而是先分配好所有的資金用途，包括打算要存下來的錢及每月伙食費，簡單地說就是把每個月的收入分配到剩下零，一毛都不剩！

把每月收入分配到零的用意，就是不讓任何一塊錢失去方向不知該往哪裡去。就像我們人失去方向時會不知該如何成長，錢也是一樣，需要你指引方向它才會成長。如果分配完後還有多餘的錢，當然不是要花掉，而是再檢視一下是不是哪邊的消費分配過少，如果確定都分配完畢，最好的方法就是把這些錢都存進你用來投資的存錢帳戶裡。

掌握金錢流向心情更踏實

　　另外如果你事先就知道該如何運用手上的錢，你的心裡也會比較踏實安定。這個想法是我某天讀一本書時想到，當時書中寫到人在清楚知道自己每天要做什麼事時，心裡會比較平靜。看完我心想，這不就跟我們運用金錢的態度一樣？若你清楚知道手上可用資金的「最終歸屬」時，花錢時就不會擔心月底錢不夠得吃泡麵；臨時衝動想要買一個不在規劃內的物品時，也比較能理智地安撫自己不該花那筆錢；或是正在為了存一筆大錢而每天過著錙銖必較的生活時，心裡也會感到比較平衡。總之，如果事先知道如何運用手上的錢，踏實感就會油然而生。

　　舉一個每月事前分配收入的例子，最簡單就是每月固定支出的分配。所謂的固定支出就是每個月一定要花的錢，這筆錢不管你收入變多或變少，都是固定支出不會變。比如房租、房貸、車貸、網路費、保險費或是給父母的孝親費，這些都屬於固定支出。因為固定支出金額不常變化，所以在收入進來之前，除了儲蓄，其他就可從固定支出開始分配，剩餘的錢才是分配給浮動支出或其他雜費，通常把這幾項分配好後你一個月的收入差不多也都分配完畢。

　　像我剛開始培養先分配收入的習慣時，常常笑稱自己是月光族，因為我都會在每月 1 號時就把 5 號才會進來的薪水給分配光。不過這種能夠完全掌控自己金錢流向的感覺，實在很棒！

　　有個比較技術上的問題就是浮動支出或是生活費經常會變動，

比較不易先做分配；不過這問題在你開始記帳三個月後就可輕易解決，因為那時你就能經由記帳資料，算出每月平均浮動支出金額。

一旦你大約抓到平均浮動支出後，建議每個月可多估一些浮動支出金額。為什麼要這樣做？那不是增加不必要的花費嗎？這邊先把你以後也會發現的祕密告訴你：當你月底經由控管讓浮動支出預算產生結餘時，會很有成就感！而這種成就感將會支持你努力下去，久了之後就會養成好的記帳習慣。也許這裡說得有些神奇，不過你試著做就會了解，但要記得實際上花費時還是要嚴守紀律控管每筆消費喔！

富朋友語錄

　　很多人都說：我沒有錢怎麼理財；
　其實這句話的意思是：我沒有存錢的習慣。

記帳絕不只是要省錢

記帳確實可以省錢，而且是立竿見影，因為開始記帳後想省錢是人會有的自然反應。當你從沒有記帳習慣變成開始固定記帳時，心裡自然會去關心你的花錢情況，而多數人在記帳後看到自己花太多錢的反應都是會先「自省」，較少會有「太好了，今天多花了 500 元，明天目標是多花 1,000 元」的想法，會這樣想的通常不是悶太久，不然就是突然得到天外飛來一筆錢（中樂透或繼承財產）。

不過你知道嗎？記帳絕不只是為了省錢，省錢只是記帳的一個過程，一個附加的禮物。如果你記帳只為了省錢，最後有可能毀了自己辛苦存下來的錢！

記帳是為管理金錢

那如果記帳不是要省錢，是為了什麼？簡單說，記帳是為了管理好你的錢，更精確地說就是為了個人金錢管理上的平衡。

先來談談很多人不願意記帳的原因。除了沒想過、沒習慣、沒時間，有些人不願意記帳是因為心中有個小聲音不斷告訴自己：「我怕記帳之後就不敢花錢，以後再也不能買 _____ 了，何

必讓自己過這樣的人生呢？」（空格處請自行填上難以抗拒的物品）。有些人不願意記帳是因為擔心克制慾望後會不快樂，寧願選擇今朝有酒今朝醉，活在當下的逍遙日子。

是的，記帳是有克制慾望的功效在。花錢買快樂是人性，記帳就可以克制你花錢的慾望，它會強迫你檢視自己的用錢習性，讓你在無形中開始想省錢、想存錢，讓你從花錢一族變成省錢一姐、一哥，讓你開始思考加油站哪天降價漲價，哪個賣場正在打折。不過所謂物極必反，當你將花錢習慣轉變成省錢習慣，又為了追求存下更多錢而開始什麼都想省，把自己變成苦行僧時，長久壓抑住的花錢慾望，反而會變成另一個壓力鍋在某天爆發出來！而且爆發點通常會在心情不好的時候，時間點多久以後不一定，也許幾個月也可能幾年。結果是什麼？就是你會衝動地花更多的錢，而這些都是你平時省吃儉用辛苦存下的錢。

這就是為什麼記帳不能只是為了省錢，**因為記帳本質並不是要我們過苦日子，而是要達到財務平衡**。如果你之前花太多錢，記帳會讓你從花錢的情況變成開始願意存錢，把不該花掉的錢省下來去做更好的投資。相對來說，也會讓你從省吃儉用、刻苦耐勞，只喝水不吃飯的生活，變成過正常人該有的生活，讓你知道偶爾也要犒賞自己跟心愛的人來個浪漫約會，沒有心愛的人也可以自己去做個SPA，或是知道錢不該只放在銀行還應該去做投資。省錢只是管理金錢其中一環，管理金錢最終目的是為了平衡你的財務狀況，讓你賺的錢能適當配置產生效益，最後達成財務自由。

小心陷入省錢盲點

　　陷入過於省錢心態還有一個盲點，就是會讓你想投資卻沒有勇氣投資。投資有利潤也有風險，當你每天省吃儉用把錢存下來時，它就會像你的小孩一樣，想要細心地保護它，所以當投資機會出現時，你會進入只看到風險的導航模式，就好像別人家小孩生病你覺得只是普通感冒，自己小孩生病就急著要送大醫院做全身檢查一樣。因為過於省吃儉用，你會怕你的錢不見，會擔心辛苦瞬間化為烏有。

　　這些心態都很正常，如此保守是不會有金錢損失，但肯定不會讓你的錢變大，以現在的存款利率來看，把錢放銀行很容易被上漲的物價給吃掉。這就是為什麼我在自行設計的電子記帳本裡會加入財務規劃區的用意，就是為了將賺到的錢能夠依比例平衡分配到每個區域做管理，讓自己的現金流系統有防守也有進攻。

　　花太多不該花的錢是把自己的未來給花掉，只想省錢的心態也可能讓自己陷入不敢投資的思維。請記得記帳的目的是要讓我們清楚知道金錢流向，把不必要的開銷存下來，把錢放到可以讓你財務自由的地方，同時追求存錢與花錢的心理平衡。如果記帳只是為了省錢，那真要小心有天你的荷包反而會大失血。

透過記帳 設定消費警戒線

你曾經有過到了月底花費卻透支的經驗嗎？或是工作好幾年卻沒存到什麼錢？這些困擾很多人都有，就算知道預算的重要卻很少真正落實，有時問題並不是出在沒有記帳或是沒有做年度預算上，而是在花錢的當下沒有意識到這筆花費會在事後總結時超出預算。這邊分享一個小技巧，就是先在心中設定「消費警戒線」。

消費警戒線是什麼？這邊要借用一點心理學的制約理論，當你在心中成功設下某消費項目的心理警戒線後，只要你消費的金額接近這條線時，大腦自然就會發出訊號讓你產生警覺心，這個無意識的過程可能不到 1 秒，但千萬不要小看這個反射動作，不到 1 秒間的冷靜可以讓你減少很多次的衝動式消費，也可以讓你掌控好消費預算，有機會幫你在一年內多存個 2、3 萬元以上。

習慣通常要經過持續的實踐才可以完成，消費警戒線就是需要培養習慣才能設定成功。根據我自己的經驗要設定好一條消費警戒線其實不會花太久時間，如果你每天都有記帳的話，大約一個星期內就會設定好，沒有記帳習慣也應該在一個月內就設定成功，當然前提是這一個月內你都要記得這件事。

潛意識自我控管

舉個我自己設定消費警戒線的例子：我如何控制三餐的花費。假設我將一個月的伙食費用控制在 10,000 元內，換算平均一天三餐每餐就是 110 元左右，但早餐通常不會吃得太「澎派」，假設一份早餐算 50 元的話，平均中餐跟晚餐就各為 140 元。這時我會告訴自己，午餐及晚餐的消費都要控制在 140 元以內，吃飯時就會先在心裡計算加總有沒有超過 140 元，經過幾餐的自我提醒，140 元的消費警戒線就會成立，之後消費時若超過這個數字大腦就會自動響起警鈴。我已經有不只一次的經驗，如果消費超過設定金額時，就會覺得不對勁。

更特別的是，每當這種自我提醒在大腦裡成功設定後，這條警戒線還會慢慢進入我的潛意識層面，也就是說就算沒有特別去計算花費金額，大概都能把消費額度控制在範圍內；像有時買個晚餐可能不只買便當還會配飲料，這時就算我沒有刻意去算，最後加總的價錢也會恰巧控制在額度裡。我自己的經驗是會在消費警戒線正負 10 元以內，當我發現有這個現象時真覺得神奇。

實際執行過這樣的方法後，每月總結時就可以回顧自己設定的那條線有沒有落實成功，透過記下的歷史花費算出該消費項目的每筆平均值，你就會發現平均下來的數字真的離設定的額度不遠，而預算也就自然控制在設定的範圍裡，一年下來要多存些錢也不再是難事。

　　我常跟朋友說：「沒有存不了錢的人，只有不會存錢的人。」存錢並不只是單純把錢塞到存錢筒裡，許多生活中用錢的小習慣都會影響我們，只要平時稍做改變，就會發現存下的錢可以比過去還多很多，也讓自己離財務自由目標更近一些。

狗狗的制約理論

　　心理學家巴甫洛夫（Ivan Petrovich Pavlov）曾做過一個實驗，內容是每當他餵狗食物時就會同時間搖鈴，經過反覆多次實驗後，他發現狗狗只要一聽到鈴聲就會開始舔嘴巴想吃東西。設定心中的消費警戒線就是類似這個心理學理論，讓自己在無意識中產生花太多錢的警戒。

記帳不能只是記錄 要揪出無法存錢的關鍵

　　不論你是用何種方式記帳，如果你已經記帳一陣子，卻還是沒感受到自己理財有明顯進展的話，這篇就是要寫給你看的。前面說過，記帳雖然是理財的第一步，但並不是有記帳就等於有在理財。更明確地說，有記帳不代表你的財務狀況會改善。曾經有網友在信中提到已經記帳十幾年，可是在理財上卻沒有進展，後來看了我的部落格調整記帳觀念後，才發現原來過去的記帳只是在記心安，一番重新學習後才感受到自己有在理財。

　　雖然這位網友提到因為我才開始正視記帳理財，不過我要先說明，不是一定要用我設計的電子記帳本才能辦到。不論你現在是手寫記帳、Excel 表格記帳，甚至是市售軟體都沒關係，只要你有在記帳，就都必須正視「有記帳卻沒理財」這個問題。

記帳是為了存更多的錢

　　記帳，最怕的就是只在記錄。下班回到家把當天的花費填進記帳本裡，每天機械式重複這種行為，月底就拿出本子核對一下支出有沒有破表，偶爾查詢自己過往某筆的消費金額是多少，比較一下

物價上漲的程度等等，對於某些人而言，這就是記帳的目的與功用。但其實這樣子記下去，就跟那位來信的網友一樣，記了十幾年家裡多了成堆的記帳本，雖然持續力足夠，對了解個人財務狀況的幫助卻不大，更不用說有助於理財。累積一大堆歷史資料備查並不是我們努力記帳的唯一目的，我們應該學習如何將資料轉成有用的資訊，從中解讀自己的消費習慣，學習如何控管支出，增加存錢的效率。

養成記帳習慣後定時分析

「如果記帳不是為了讓自己擁有更多財富，讓家人生活更富足，那為什麼還要記帳？」這是我常拿來提醒自己要持續記帳的一段話。也因此，我除了盡量做到每天固定記帳外，每週每月都會藉由記帳本來檢視自己的財務狀況，平均每次分析的時間也僅需三到五分鐘，只有少數幾次因為理財方向做調整，才會花超過三十分鐘。但也因為常常幫自己的財務狀況與目標做「調校」，所以能隨時掌握自己的財務，讓我在做投資決策或是消費決定時，能夠習慣地做出對自己當前財務狀況最佳的選擇，省下許多的時間思考如何用錢。

除此之外，也因為定時分析自己的記帳本，所以才能夠知道自己的財富累積趨勢，無形之中我就已經完成令人頭痛的預算。比如說知道何時可以存到多少錢，知道何時可以把貸款還清，知道何時能夠存到下次出國玩的錢，知道何時可以買到願望清單裡的商品。

當我能夠清楚看見未來的財務狀態時,我就會感受到身心比較平衡,上班工作也就更快樂,心情也比較容易滿足。也許這聽起來有些誇張,不過只要你也嘗試跟著做,就一定能感同身受。

總而言之,「記帳是理財的第一步」這句話是對的,但切記不是你有記帳就是有在理財。如果你正好有在記帳卻還沒感受到理財有進展,希望你能多思考記帳對你而言真正的目的,不要讓記帳到最後變成只是一種紀錄。

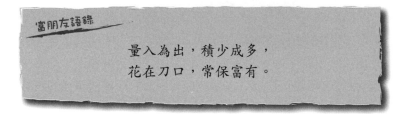

富朋友語錄

量入為出,積少成多,
花在刀口,常保富有。

掌握記帳 3 原則
扭轉你的財務狀況

記帳看起來是件簡單的事，但要記得好、記得有效、記到財富愈來愈多，有些原則仍然要把握，不然記出來的帳就只會像馬雅預言天書，有看沒懂，知道數字但不知其意義，歸納不出可解讀的資訊。我就常收到網友詢問「如何改善財務狀況」等類似標題的來信，幾次回答下來，我歸納出下面三個原則，只要記帳時掌握它們，你當下財務狀況不論是好是壞，都可以開始扭轉向上。

記帳的最終目的是什麼？明白地說，就是為了讓未來有更多的錢可以過生活，以及透過投資理財讓財富增長，提前達到財務自由。然而，我發現有不少人，記帳只是在記心安，只是想在花錢時留下證明，往後需要確認時有個備存紀錄好查詢。所以有些人記了好幾年的帳，縱使帳本寫得有條有理，存錢的速度曲線還是拉不上去，對於財務管理只能停在防止消費過度，而無法增加財富。

不過記帳有趣的地方，就是同一個帳本用不同的方式解讀後，其數字所產生的生命力就不同。雖然非受過專業訓練的人無法像金融專家抓出各種財務比率對症下藥，但是只要掌握好以下原則，個人記帳功力就能大大提升。

原則 **1**

釐清過去的錢都花去哪

「我的錢都不知道花去哪了！」這問題是很多人開始記帳的原因，而這原因也正是記帳最主要的好處：幫助自己從財務裡抓漏。在經過二到三個月的記帳後，我們就可以把各項支出與收入的比例計算出來。因為人的大腦習慣解讀比較後的結果，所以當你把各項支出與收入比例寫下來後，馬上就能透過百分比知道錢都花到哪去了。接著就是找出這些支出項目裡哪些是必要的，哪些是不必要的。不必要支出當然就是要優先調降的對象，如果有些必要支出在理智上你知道是不必要的，但是不花又很痛苦，那可以先保留，只是你要懂得設定花費上限，也就是運用第二個原則。

掌握記帳 3 原則，扭轉你的財務狀況

原則 **2**

分配未來的錢要花去哪

透過原則 1 抓出無謂的花費後，接下來就要在未來使用時把它調整過來，讓錢真正用在刀口上。想要不被錢控制，就要先能控制錢的去向，也因此在每一筆收入進來時，身為主人的你有絕對的責任告訴它們該去哪裡。所以「分配」就是記帳原則 2 最需要做到的事。

想像你現在是一家動物園的園長，園裡有大大小小的動物，每天你在分配食物時，應該不會每隻動物都給一樣份量的糧食吧？這樣的話，草泥馬可能會吃太多變成了偽裝的超大綿羊；大象可能會吃太少餓昏。同樣地，你在分配各項花費時，也要依照適當的比例去分配。只是問題來了，就跟我們每月領的薪水一樣，你的動物園可分配的糧食也有限，不是每種動物都能飼養，此時你就應該要優先選擇能讓你繼續經營下去的「物種」，也就是你的明星級動物。

什麼是財務裡的明星級動物？就是可以幫你帶來更多收入機會的地方。把錢先分配在能幫你創造更多錢的地方，剩餘的再依照重要性、必要與不必要分配下去。至於動物園裡的冷門動物（不必要支出），飼養再多也不會增加收入，所以還是趕緊把數量降到最低，減少這部分的支出。

原則 3

每筆帳都是增加財務自由的機會

掌握前面兩個原則後,檢視過去紀錄與分配未來收入這兩個動作就會不斷循環。如果你的管理方法正確,原則 2 裡的明星動物應該會愈來愈多,套句較專業的術語,就是可自由支配的資金愈來愈充足,存下的錢愈來愈多。而為了讓這個過程加速,你的每一筆帳目或是消費,不論是收入還是支出,目的都應該只有一個:讓可支配資金往上成長。

好比某天下班肚子餓,回家時想去吃頓飯,途中經過兩家相鄰的店,一家賣普通便當,一家賣高檔日本料理,你開始思考要如何對待你的肚子,心想上班那麼累,是不是應該對自己好一點?雖然吃哪一家並不會對經濟造成困擾,此時把握原則 3 你就會理智地想,選擇哪一間才能讓你「未來更有錢」,而不是只滿足當下的心情。當然,這之中你可能要犧牲一些爽度,不過如果你習慣了這樣的消費與記帳思維,你會發現這是在幫助自己的未來過得更爽,長遠來看你並沒有真的犧牲掉什麼。同樣道理,當你每天回家記帳時,每記一筆就要反射思考這筆錢是幫助了你還是拖住了你,當你習慣後,這過程只需 2 到 3 秒就可完成。

財富的累積要從記帳開始,反過來說就不一定,不是有記帳就會累積財富。記帳同時還需掌握這三個原則,才會讓自己財富增長,財務狀況才能扭轉向上。

5 個小技巧 記帳效率立即提升

技巧 1

記得先支付給自己

記帳時應該先扣除要存下來的錢，剩餘的才是留做每月正常開銷。以下對照兩種情況：一種是先把要存下來的錢從收入中扣除，剩下的錢才用來日常花費；另一種是直接記錄支出，待月底再來計算有多少錢可以存，你覺得哪種存錢方法比較有效？當然是先存錢再花錢，因為花錢有了上限，比較會量入為出。但記得不是先扣愈多就愈好，還是要顧及基本生活開銷，才不會因過於省錢而心理不平衡。

技巧 2

收入與支出用不同顏色區分

人的大腦對圖像處理的速度比較快，如果平時記帳就懂得用顏色來區分收入與支出，之後檢視收支狀況時就一目了然。如果都用

同一種顏色來記帳，大腦要先讀取，才能判斷該項目是收入或支出，理解速度差很多。如果是用 Excel 記帳就更方便，電腦會自動標示負值的支出為紅色，正值的收入為黑色，開啟帳本馬上分辦哪一筆是支出，哪一筆是收入。

技巧 3
記帳是要記給未來，不是記給現在

記帳雖然是記下近期的收支狀況，但更重要的是要記給「未來的你」看。想想看你是如何規劃明年的旅遊計劃？當然是要先看你明年有多少錢可以當作旅遊基金使用，所以你要先估計明年的伙食費、交通費、日常用品費用等等，要知道這些金額就必須對照過去的記帳資料。所以現在記的帳是要記給未來，而不是記給現在。

技巧 4
專注在現金流

我常跟朋友說：「世界上的錢總數是差不多的，錢不是流進你的口袋更多，就是流到別人的口袋更多。」當你開始記帳時，你會記下每日的開銷、銀行存款的進出，還有每月的工作收入，你或許把大大小小的收支都記錄起來了，那這時現金是如何流動有沒有順便記下來呢？

如果平常沒有關注現金流的習慣，或許一下子要把記帳本之間的現金流弄清楚不是件容易的事，所以最簡單的方式還是一開始記帳時就先把現金流一起記下來。不一定要真的畫上箭頭或是加上備註，而是在記下一筆帳時，就要習慣在腦中思考這筆帳的現金流是如何走的。比如晚餐吃了一個 70 元排骨便當用現金支出，手上的現金——當初從銀行提領出來的生活費——就會減少 70 元；若是信用卡刷卡，就要從銀行存款中先扣除這筆刷卡金額。看起來很複雜，但只要你習慣這樣的方式，記帳成效會大大提升，也會更清楚自己的財務狀況，建議一定要養成掌握自己現金流的習慣。

技巧 5

抓出看不見的記帳死角

還有兩種很容易在記帳時忽略掉的項目：常用的小錢與不常用的大錢。常用小錢比如坐捷運、坐公車、買飲料……這些錢很容易被忽略，因為記了很麻煩，但不記每個月累積下來也是一筆不小的開銷。而我的建議是：當然要記！因為這是記給未來的你看，不是現在的你，通常你回顧記帳本的時候都是以月或年為單位，此時就會發現這些錢累積起來也是筆大數目。如果你真的覺得很麻煩，可以成立「個人生活銀行」，在家裡設一個小專區（信封或罐子都可以），每個月初放入一定的錢，然後約定小金額的開銷都要從這邊提領、兌換，月底時再來結算花了多少錢然後記下來。

　　不常用的大錢最常見的就是：稅金、年繳的保險費、大樓管理費。其中稅金最需要注意，尤其是每月支薪的朋友，很多人都沒有意識到手中領的薪水是稅前收入，意思就是你實拿的錢是要扣掉所得稅的。每到繳稅季節時，有沒有聽過有人說「這個月要繳稅，所以沒錢了」這類的話？我第一次聽到時還滿訝異的，不是原本就知道要繳稅嗎，怎麼會因此沒錢？後來發現不只一個人說後，才知道很多人都忘了自己的收入是稅前收入。所以建議大家每個月就先把自己要繳的稅扣除下來，保留在存款帳戶裡預備繳稅用。

富朋友語錄

　　耐心存錢與衝動花錢的差別，
　　一個專注未來，一個只看現在。

抓出撲滿裡的漏財蟲

看完記帳在理財中的重要性後，是否開始想記帳了呢？雖然記帳需要時間才會看到成效，但在開始記帳前，不妨先依下面兩個練習幫自己做個理財健診，抓出讓自己沒法存錢的漏財蟲，之後開始記帳時就會更輕易的掌握自己的財務狀況，存下更多的錢！

◎練習 1　追蹤個人淨值，揪出漏財元兇

個人淨值可以用來衡量一個人的財富，其計算方法就是總資產與總債務的差額，是個簡單又能迅速掌握財務狀況的指標，依照以下三步驟就可算出個人淨值。

步驟 1　翻出所有家當，計算有多少資產

要計算自己擁有的資產很簡單，首先就是拿出所有的銀行存摺，將戶頭裡現有存款金額全部加總，這就是你現在擁有的現金資產。除了現金，其他像不動產、黃金白銀、外匯等可變現的資產也要統計出來，如果你不曾認真算過這些資產市值，更要趁這個機會整理。

所有資產都算好後，用條列方式寫在一張紙上，再把所有金額相加成為總資產，就可進行下一步驟。

步驟 2　提起勇氣面對，計算有多少債務

因為金融市場的開放，現代人要跟銀行貸款非常方便，所以不論是房貸、車貸、就學貸款、個人信貸、保單質借等，每人或多或少身上都有債務。找出漏財元兇的第二步就是認清自己身上有多少債務。

跟計算資產方式類似，把目前向銀行或其他來源貸款的項目及餘額全部條列寫下，最後將所有金額相加為總債務。

步驟 3　資產扣掉債務，結算個人淨值

將步驟 1 的總資產扣去步驟 2 的總債務，剩下的就是你的目前的「身價」，也就是個人淨值。計算結果會得到兩種情況：

總資產＞總債務，個人淨值為正，表示目前財務狀況良好。
總資產＜總債務，個人淨值為負，表示目前負債，財富正被利息吃掉。

為什麼計算淨值能找出漏財元兇？一般來說，我們都習慣用月薪來判斷個人經濟狀況，只是這樣容易誤認月收入尚可支付下，就去辦了過多的貸款，利息愈繳愈多，錢也就從這些地方漏掉。如果要知道自己的真實財務狀況，觀察個人淨值才能反應出來，並且知道目前的財務水平在哪裡。了解自己目前的淨值，之後再記帳就能持續追蹤淨值變化，而不再只是用月薪來判斷當前的財務水平。

資產

資產名稱   金額

現金 _____ 元

_____   _____ 元

_____   _____ 元

_____   _____ 元

_____   _____ 元

_____   _____ 元

_____   _____ 元

_____   _____ 元

總資產 _____ 元

債務

債務名稱   金額

_____   _____ 元

_____   _____ 元

_____   _____ 元

_____   _____ 元

_____   _____ 元

_____   _____ 元

_____   _____ 元

_____   _____ 元

總債務 _____ 元

個人淨值

總資產 – 總債務 = _____ 元

◎練習 2 　檢視消費行為，飛踢掉漏財習慣

現代人工作繁忙，難免會養成自己也沒察覺的漏財習慣；不然就是透過花錢來消除工作壓力，而排除這些壓力所需的「成本」都不低，無形之中就降低存錢速度。以下的五個步驟就是要幫你踢走這些漏財的習慣。

步驟 1 　檢視花錢習慣

回想過去一週每天固定有的消費行為，列在紙上並標註一週花費金額。底下範例可以幫助你回想這些行為：

早餐　60 元 × 7 天 ＝ 420 元

香菸　70 元 × 3 包 ＝ 210 元

飲料　30 元 × 5 杯 ＝ 150 元

公車　25 元 × 5 次 ＝ 125 元

咖啡　120 元 × 5 杯 ＝ 600 元

漫畫、雜誌 100 元 × 2 本 ＝ 200 元

步驟 2 　分出必要支出與非必要支出

用符號或是有顏色的筆勾出必要支出項目。比如早餐每天都要支出，就在早餐項目旁做個記號。這步驟對某些人或許是種挑戰，不知道咖啡、香菸或飲料要歸在必要還是非必要支出。我建議可依循一個原則來判斷：必要支出是以「維持你生存下去」的花費為主，所以像伙食費用當然是必要支出，至於咖啡除非你真的不喝上幾口就無法工作，不然還是歸類在非必要支出吧！

步驟 3 　幫必要支出尋找替代方法

　　必要支出一定要花，但有沒有能符合同樣需求又較省錢的方法？好比早餐有 100 元的美式套餐，也有連鎖早餐店的 60 元組合，或是在家自己做的 30 元早餐，不同的選擇雖然有不同的享受，但也有不同的成本。這部分若能找到足以取代又花較少錢的方案，長久下來你就能多存到錢。不過要注意，像三餐這類如果替代方案會影響身體健康時（晚餐改吃泡麵），那就千萬不能省囉！

步驟 4 　寫下減少非必要支出後可省下的金額

　　非必要支出最好的話當然就是不花，如果一定要花就是盡量減少。總之就是將這部分的消費降到最低。什麼？我聽到有人說這樣會很痛苦？可是這些或許就是讓你漏財的地方呀！

步驟 5 　結算全年節省的總金額

　　最後一步雖然簡單，卻是踢掉漏財習慣的重要步驟。這步驟要把必要支出與非必要支出能夠省下的錢計算出來，看看這些漏財習慣過去到底花掉你多少錢。在清楚知道原來能夠省下那麼多錢後，心中執行的動力就會更大。當然最重要的還是要身體力行，這才是揪出漏財蟲的關鍵！

3

讓收入變儲金的
金流管理密技

存錢的不敗法則是支出小於收入，
但如果想要在有限的收入裡存下更多的錢，
做好全方位金流管理是個重要關鍵。
以下我將依儲蓄、預算、緊急預備金等項說明
整套的自動化存錢系統，
讓你在辛苦工作之餘，
不需花太多心力也能存下更多積蓄。

最珍貴的理財建議： 先支付給自己

如果要我馬上提供一個理財建議，我一定說：「先支付給自己。」雖然在第 2 章已先提到這個概念，但現在我要更深入地說明為何先支付你自己是如此重要，請注意看了！

先支付給自己，就是指當你得到一筆錢的時候，要先將那筆錢用在能幫助自己財務自由的地方。不要小看這樣一個簡單到不行的觀念，很多人其實都辦不到，這樣最基本的支付給自己方式——每月存下一筆錢——對很多人就是一件不容易的事。往往在薪水進來之前，就有一堆帳單等著你先支付給別人：房貸、車貸、學貸、伙食費、水電費、油錢等等，算一算似乎很難有多少錢可以存下來。

不過即使如此，還是要想辦法將先支付給自己放在個人理財中的首要目標。為了未來的生活，為了讓財務自由提早到來，為了心愛的家人、小孩，就算你打算這輩子獨自一人活下去，我們也不應該輕易地將辛苦賺來的錢拿去給別人，不是嗎？

為什麼先支付給自己那麼重要？

　　錢是你辛苦賺來的，不先留在自己身上說不過去。如果從現金流來看，先支付給自己也是累積財富較快速的做法。以下我用個人資產負債表的現金流向來說明，你就會知道先支付給自己與先支付給別人的差異：

▼先支付給別人的現金流　　　　**▼先支付給自己的現金流**

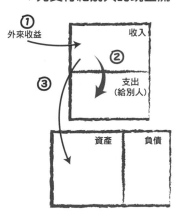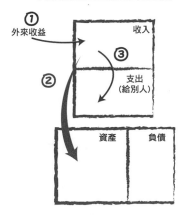

　　看出兩者的不同嗎？請注意圖中箭頭②的最終落點，先支付給別人的箭頭是落在支出區，先支付給自己的箭頭則是落在資產區。也就是說，先支付給別人與先支付給自己兩者在金錢管理上所關注的事情完全不同！一個在「支出」，一個在「資產」，通常我們愈關注的事，總是會發展的愈大！你關注在支出愈多，就有愈多支出在前方等著你；你關注在資產上愈多，就愈容易累積更多的資產。你想得到支出比較多還是資產比較多？當然是資產！

就算是先支付給自己和先支付給別人最後留下來的金錢一樣多，你還是需要做到先支付給自己。這不只是單單數學上的問題，這是你有沒有讓大腦聚焦在正確事情上的問題，也是你對金錢管理態度的問題，只要你肯先專注在正確的事情上，對的事情就會不斷地累積，先質變之後就會產生量變，先專注在能讓你財務自由的事情上才會財務自由。

而且事實上，在財務上能夠獨立的人都有養成先支付給自己的習慣，這些人都懂得先把錢留給自己，然後再用剩餘的錢去支付日常生活開銷。

先支付給自己在財務管理上是如此重要，如果連你自己都不先支付給自己了，還有誰會呢？

先支付給自己的方法

支付自己的最好方法就是存錢，投資自己大腦的學習成長也是一種。每當有一筆錢進來時，不論是薪水、獎金、股票現金股利，甚至是在地上撿到錢，只要有金錢來到你手上，第一個想法就要是先支付給自己。比方說每個月公司發的薪水一進到帳戶，就把要存的錢先轉帳到另一個儲蓄專用的帳戶，剩下的再拿去繳帳單、當生活費，這樣就可更清楚地「分離」先支付給自己及先支付給別人的錢。

如果你不希望用多帳戶管理金錢，覺得這樣太麻煩或是薪資帳戶的存款利率比較高，你還是要做到先支付給自己的動作，方法就是用記帳的方式分出儲蓄與花用的錢。

注意！就算是記帳時先支付給自己的順序也不能搞錯，只要有錢進來就要養成習慣思考多少錢要分配到自己身上。像我每收到一筆收入，記帳第一個動作一定是把這筆收入分配記到不同功能的存款帳戶裡，然後再實際地用銀行轉帳把錢轉到各帳戶，剩下的才是用做生活費。記得這麼一句話「在財務管理中，看待金錢的態度比數學計算還重要」，所以記帳時也要記得先從支付給自己開始。

富朋友語錄

除非你能管好自己的錢，
不然賺再多的錢都是給了別人。

為什麼需要存錢？
而且愈快開始愈好！

　　你是否曾認真想過為何要存錢？為了出國旅遊？為了買車買房？為了將來給小孩好的成長環境？我想這些都可能是你會存錢的原因。

　　現在請再想一個假設性狀況：你的小孩或是最心愛的人得了重病，醫生說只能活 12 個月，唯一解救方法就是購買最新研發的藥物，要價不便宜必須花費 60 萬元。在聽到醫生這個結論後，你會不會在接下來的 12 個月想盡辦法存到這 60 萬？我想多數人答案是：「一定會！」你會想辦法加班，兼職做第二份、第三份、第四份工作，會用盡各種方法甚至借錢，就為了存到這 60 萬。你有極大的存錢動力，因為有個重要的人等著你去救，沒存到就要和對方離別，你有非完成不可的原因及動力。而這也就是能讓你存錢更快速的兩個原因：急迫性與必要性。

　　在我看來，**存錢的急迫性與必要性，是決定財富累積速度上的主要分水嶺。**

急迫性決定未來的財富

　　這邊我用一個故事來告訴你，為何急迫性對存錢是如此重要。阿強跟小光是從小一起長大的好友，他們同樣在 22 歲出社會工作，當他們領到第一份薪水時，阿強決定要遵循家中的理財觀念，每個月從薪水裡存下 3,000 元，然後 23 歲開始每年持續用 36,000 元的存款，投資在平均複利 8% 的績優股票。而小光的家庭比較注重人生享受，所以他習慣在每個月扣除必要生活費後，將剩餘薪水花用在自己喜愛的事物上，比如買最新的 3C 產品或是出國旅遊，身上打扮總是最新流行的行頭。雖然阿強看到小光生活得如此享受很羨慕，但他仍守著家裡給他的理財習慣，每個月持續存 3,000 元去投資。轉眼間，兩個人出社會過了 10 年，阿強決定開始過不一樣的人生，他不再每月存 3,000 元，而是把這些錢拿去購買喜歡的物品，他想要跟小光一樣享受人生。而小光剛好相反，在享受了 10 年的快樂人生後決定認真看待他的退休生活，他決定向阿強學習，每個月存下 3,000 元，投資在也是複利 8% 的績優股票上。

　　就這樣換成小光每月存 3,000 元，每年 36,000 元投入複利 8% 的投資，而阿強則不再投入金錢只是讓原本的投資繼續複利成長。猜猜看，等他們到了 65 歲退休時，阿強跟小光投資帳戶裡的錢誰比較多？

　　這問題非常耐人尋味，每次我朋友知道答案後都會有些訝異。是誰累積的錢會比較多？是在前面 10 年努力存錢投資的阿強，還是後來覺醒努力存錢 32 年的小光？在他們倆各自來到 65 歲時，阿

強投資帳戶裡的錢竟然還是比小光多，而且金額多出達 139 萬元！
下表就是他們兩個人的投資獲利對照：

▼阿強與小光存錢的投資對照

年紀	阿強		小光	
	每年投入	投資後價值	每年投入	投資後價值
23	36,000	38,880	0	0
24	36,000	80,870	0	0
25	36,000	126,219	0	0
26	36,000	175,196	0	0
27	36,000	228,091	0	0
28	36,000	285,218	0	0
29	36,000	346,915	0	0
30	36,000	413,548	0	0
31	36,000	485,511	0	0
32	36,000	563,231	0	0
33		608,289	36,000	38,880
34		656,952	36,000	80,870
35		709,508	36,000	126,219
36		766,268	36,000	175,196
60		4,859,013	36,000	3,706,728
61		5,247,734	36,000	4,042,146
62		5,667,552	36,000	4,404,397
63		6,120,956	36,000	4,795,628
64		6,610,632	36,000	5,218,158
65	退休		退休	

持續到 **65** 歲

　　這就是存錢急迫性造成財富累積上的差別，從另一個角度解讀急迫性就是：愈早開始存錢愈好。從上表來看，阿強只是比小光提早 10 年存錢，之後不再存錢，總資產仍然持續高過小光，也等於他在 32 歲後的日子比小光來得輕鬆許多。

　　所以為何愈早開始存錢愈好？因為這樣才能儘早累積出投資的錢，然後隨著時間經過，財富累積速度就會加快。當你知道早存錢跟晚存錢的差別如此之大時，對於存錢的急迫性也就跟著產生。

　　因此，什麼時候是存錢的最佳時機？當然就是現在！

必要性就是有明確的理由

　　有一句話是這麼說：「明確的目標能帶來力量。」如果想要存錢存得更多、更快，就要有個明確的理由才行。試著思考以下這些問題：

你想要提早還清貸款嗎？
你想要擁有自己的房子嗎？
你想要出國留學深造嗎？
你想要帶著全家去歐洲旅遊嗎？
你想要實現爸媽的夢想嗎？

　　透過問句幫助自己設定清楚的存錢目標，不要只是每個月固定把錢放到銀行或是存錢筒裡，光是說「因為我想要未來有好日子」還不夠，你必須找出讓你想要存錢的理由。一般來說，我們會存錢

是為了滿足這些目的：

> 存下緊急預備金
> 完成某個需要金錢才能實現的願望
> 購買物品
> 年度大金額支出
> 投資理財

「天有不測風雲，人有旦夕禍福。」明天會發生什麼事沒有人會知道，所以擁有一筆緊急預備金可以防止突發事件打亂自己的理財計畫，預備金是很重要的存錢目的。有些願望是需要經過財務規劃才能實現，比如買房、買車、結婚都需要錢，這也是存錢的重要目的。年度的大額支出比如每年的稅金、保費、學費等，更是需要平時就存錢擺在那邊等著，才不會要繳款時才到處籌錢。最後一項投資理財是為了將來財務自由及退休而準備，手上要先存到一定的本金，才能開始透過投資來增加財富。

寫下明確的存錢目標吧

如果你本身已經開始存錢，試著告訴自己存這些錢的用意是為了什麼，並且寫下來。如果同時有好幾個目標，就要把這些錢依照不同目標分開來存放，最後再增加一些存錢的急迫性，讓自己提早達到目標。

如果你還沒開始存錢，我要建議你現在立刻存下任何可以存的

錢。沒有撲滿就找個信封袋，先別管裝錢的容器美不美觀，因為那不是現在要注意的重點，現在要做的是馬上讓自己產生存錢的行為。1 塊錢也好、1,000 塊也罷，先讓身體做出存錢的動作，存多少錢目前還不必在乎，重要的是現在就把錢存下去。之後每天也要固定存錢進去，這樣有助於你的身體跟大腦對存錢行為產生習慣。

如果你目前收入跟支出是打平或是負的，除了想辦法增加收入外，還是要存錢，就先從每天持續存下 1 到 10 塊錢開始。你需要讓大腦習慣存錢，之後再視能力慢慢增加金額。剛開始不要在乎金額太少，當前最需要的是扭轉財務習慣，從不斷支出變成慢慢儲蓄。有了好的理財習慣，好的結果就會開始出現。

所以，別再等待，現在就寫下你的財務目標讓你的存款加速！

我的存錢目的：

....

....

....

為實現這目的我要存到：

....

....

....

緊急預備金的重要跟你想的不一樣

　　我想這句話你聽過很多次:「你必須準備緊急預備金。」既然如此,為何我還要特別用一篇文章來提醒你?原因就在於:大部分人聽過之後並未採取行動。你可能知道緊急預備金的用途,但不知道它到底有多重要,重要到缺少它將成為你邁向財務自由的絆腳石,重要到缺少它會讓你辛苦多年累積的財富化為烏有,而且是在一瞬間。

　　所謂緊急預備金,是為了意想不到的事而準備的資金。什麼是緊急或意想不到的事?不是突然覺得需要一台新車,也不是突然覺得壓力大想要去旅行,更不是賣場突然下殺五折要搶買衣服。這筆錢是只可用在危機出現時的「緊急」預備金。

為什麼要準備緊急預備金?

　　大部分的人多少都知道要準備緊急預備金的理由,防止收入來源突然中斷是最常聽到的想法;其他還有像臨時的醫療費、修車費、居家維修費,或是任何被迫支出的大筆開銷,都是動用緊急預備金的時候,相信平常有在注意理財的人也對這些用途不陌生。不

過在邁向理財致富的道路上，緊急預備金還扮演了一個非常重要的角色；不是在它被動用的時候，而是在它還沒被動用時。

請特別記下這句話，**準備緊急預備金的另一層意義：保護好你原本的理財計畫。**

投資有如進攻，緊急預備金猶如防守

先設想一個情況：當你規劃好理財計畫，每個月都會固定分配金額存錢投資，支付生活開銷，存下小孩教育基金，生活與財務管理都過得很順。你很會理財，在銀行存款利率就跟中樂透機率一樣低的年代，你知道錢放在銀行只會被通膨吃掉，所以每個月固定投資基金、股票，銀行帳戶的錢只留生活費。

有一天，你臨時遇到一個緊急事件急需 10 萬元。但因為銀行存款不夠 10 萬元，所以你就上網查看投資的基金目前淨值是多少，打算賣掉一些單位湊足這筆錢。

尷尬的事情來了，查看後發現目前的基金淨值是負的！而你當初規劃好這基金是要擺長期才會賺錢的投資標的。現在賣掉，不只要支付手續費，還會造成不小的虧損。好巧不巧，你眼睛瞄到桌上有份「三分鐘辦到好信用貸款申請書」，記得當初是銀行人員硬塞給你，是受不了行員的熱情才隨手拿回家。這時你心中開始盤算：「如果現在賣掉基金，不只虧損，也要好幾天才能贖回，這樣會來不及湊到 10 萬元。如果是辦貸款的話，利息也才不到 5%，反正

之後每個月慢慢付就好，先解決這緊急的事比較重要……」

你的財務計畫就此被打亂。

雖然上面這段故事純屬想像，我也不希望你真的發生，但世事難料，莫非定律——凡是可能出錯的事必定會出錯——會被人拿來歌頌警世不是沒有道理，通常愈不想發生的風險它就愈會發生。但重點不在發生與否，而是發生之前我們有沒有做好準備。

這就是緊急預備金最重要的功用：它能夠在莫非定律發生前，先為你築好一道牆，讓身在這座牆後的你，安心去使喚你的金錢子弟兵。該去投資進攻的就專心去進攻，該幫你挑水砍柴賺取被動收入的就乖乖去執行，心不甘情不願要花掉進到別人口袋的就請安心上路。而奇妙的也就在這裡，當你有了一道堅固的牆在外保護自己的理財計畫時，你開始不擔心事情會出錯，你不會煩惱急需用錢時要如何調整投資計劃。在這種不慌不亂的心情狀態下，結果就是真的什麼事都不會出錯。莫非定律，Out ！

坊間流傳一段話：「天底下只有三件事，自己的事、別人的事、老天的事。」這三件事中，我們只管做好自己的事，不隨意管別人的事，至於老天的事，更是人類無法掌控。畢竟沒有人可以預知「明天」會如何。明天會不會下雨？很難說。會不會感冒？不知道。上班會不會塞車？通常是會，不過有時也會莫名的順暢。很多事情都是老天在管，我們無法預測，不過先做好準備面對未來突發事件，不是老天的事，絕對是自己的事。

緊急預備金多少才夠？

　　一般來說，標準的緊急預備金是準備 6 個月生活費。不過我們該進一步思考：難道每個人都準備 6 個月就足夠了嗎？有沒有可能因為本身財務狀況、年齡、職業別或是家庭人口不同而要多一些？不然緊急事件發生錢不夠用時還是必須挖東牆補西牆，也失去預備金最重要的意義。從另一個角度想，保險公司在計算一個人的保險費用時，不也會依照不同人的風險而定出不同的保費？

　　這個問題在我剛開始接觸理財時也曾感到困惑，不過那些年對於獨立判斷資訊的能力尚且不足，時間一久似乎準備 6 個月的緊急預備金就變成理所當然，這問題也就漸漸被我遺棄在大腦角落。直到某次輔導朋友理財時，對方問了我類似問題「預備金準備 6 個月夠嗎？」當下讓我的風險意識拉警報，除了讓這問題再度浮現外，心裡也在想如果這道保護牆不夠高該怎麼辦？

　　在我認真面對這個問題後，終於找到能夠用數據來衡量的答案。會得出 3 到 6 個月這個數值，是以能夠安然度過沒有收入的日子為考量。不過這也表示 6 個月的緊急預備金不見得適合每個人。

需要6個月的原因

　　根據統計，從 2003 到 2012 年期間，從失業後到找到下份工作大約需要 26 到 28 週的時間，換算成月份差不多就是 6 個月。下表整理近 1、3、5、10 年間的失業者要找到下份工作的平均週數，從表中還可知隨著求職者年紀愈大找到下份工作的時間也變愈長。不過要注意這是平均值，所以整體平均上升一週代表有些人可能要多花二、三週的時間。

▼不同年齡失業者平均失業週數

單位：週

年齡	1 年間	3 年間	5 年間	10 年間
全部年齡層	26.04	27.80	27.23	27.22
25~44 歲	28.75	30.05	29.15	28.96
45~64 歲	27.88	30.15	29.37	30.85

資料來源：主計處

　　有了這個參考性質較高的數據後，我們可以知道碰到以下幾種情況，就該考慮多準備一些預備金：工作不穩定的人，例如打零工，或是每隔幾年就要換約的工作；年紀愈大的人，萬一不幸失業得要更多時間才能找到下份工作，所以準備的預備金要更多；大環境經濟不佳時，風險意識也要相對提升，此時多準備一些預備金，等經濟回穩才調降回來，保持彈性；家庭成員人數變多，或是小孩長大家中開銷變大，緊急預備金也要跟著往上調。

　　所以，6 個月的預備金只是標準，還得視個人情況而調整。工作愈不穩定預備金的準備月份就愈長，只有工作非常穩定的人，才可以考慮少於 6 個月，但也不可低於 3 個月。年紀愈大，失業後的風險也愈高，所以準備的月數也要拉長。另外特別注意，必要時須彈性往上加足預備金；比如 2008 年金融海嘯，那段期間市場上很多公司放無薪假，此時就要有警覺心把預備金加高，之後再隨著經濟情勢好轉調回原本水平，如果經濟愈趨惡化就要再拉高，12 個月或是 12 個月以上都有可能。

準備的錢要足夠支付每月開銷

　　預備金的功用是為了失去收入來源時，仍能維持個人或全家的生活，所以並不需要以月薪來做計算，而是以維持生計的每月開銷來做計算單位。除非你希望這幾個月仍能維持原來的生活品質，不然建議保留足夠的金額就好，其他的錢還是拿去做更有效的投資。

　　而維持生活基本生計有幾點提醒：每月要繳的各式貸款一定要包含進來。以房貸為例，因為房子還是要繼續住下去，沒繳房貸可是會被查封的。再來伙食費等生活支出可以估得比每月平均再多一些，才不會讓自己真的需要動用時，生活過於克難。除此之外，其他你認為每月都需要用到的錢都要算進緊急預備金裡。

保護現階段理財進度更重要

　　提防失業只是準備緊急預備金的原因之一，另一個主要功能是在突發狀況發生時，保護好你現階段的理財規劃，不需要強迫自己從股票、基金、保險或其他理財中把資金抽出來。保護好你原本的理財進度，這才是緊急預備金的最大用途。

緊急預備金該存在哪？

有些人認為緊急預備金只要存在變現性夠高的地方就可以。所以他們會把它擺在基金、股票或其他高流動性的投資裡，等待需要時再賣掉拿回現金。

在這邊我要鄭重的大聲說：這樣是錯誤的！

存放緊急預備金有個重要條件：變現性要夠高，而且是要能立即變現。換句話說，它應該要能夠在 24 個小時內就換成現金使用。所以如果把預備金拿去投資，或是把投資的一部分當成預備金，都無法符合立即變現的條件。再者，緊急預備金還必須符合穩定的價值，因為這筆錢是要用來買一個心安，是要用來隨時幫助自己度過突然發生的難關，所以寧可犧牲這筆錢的投資報酬也不能承擔它有價值減損的風險。這兩點非常重要，所以我再整理一次：

緊急預備金存放方式需符合兩個條件：

1. 有立即變現性，能夠在 24 小時內換成現金。
2. 具有穩定價值，不會隨意波動。

由此可知，把緊急預備金放在定存是最好的選擇。一來定存能夠立即性的解約提出現金，二來定存除了擔心通膨外不會有什麼價值波動，而通膨是所有投資工具都會面臨的問題所以也不用擔心。

活用定存技巧準備預備金

通常動用到緊急預備金時，不會一次用完所有的錢，所以在此分享一個分拆定期存款的技巧，讓預備金的動用彈性更大。

以標準版 6 個月預備金為例，把金額拆成 1 個月、2 個月、3 個月三筆，分別用 1 年期、2 年期、3 年期的定存單鎖起來，之後時間到期再各自續同樣的約。若需要動用預備金時，就依照最小需求金額去解約；比如需要 1 個月以內的錢就解除第一個定存單，如果要用到 1 個月以上，3 個月以下的錢就解第一跟第二個定存單。這個存款技巧可以增加定存彈性，用在緊急預備金上面非常適用。

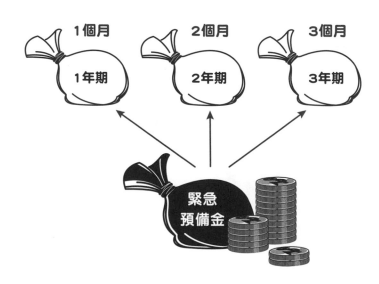

負債的人
怎麼準備緊急預備金？

　　負債的人每個月現金流都有些吃緊，手上若有閒錢是要拿去準備緊急預備金，還是先還債？我的答案仍然是先準備預備金，而且比沒負債的人更需要！因為如果沒有這筆錢，一個突發事件出現只會讓債務變更多，把財務狀況推向更深的深淵。

　　之前說緊急預備金的用意是要防止突發事件打亂原本的理財計畫，同時也解釋了預備金就像一道城牆一樣保護自己。然而，當身上有負債，每月現金流又吃緊的時候，就跟戰爭時城內兵力不足一樣，城牆承擔防守的重要性就更大，至少要能擋著直到救兵出現。說得直白一點，這筆錢對負債的人不只是緊急預備金，更是重要的救命金！

　　正常來說，緊急預備金的準備金額是以 6 個月為標準，但負債的人還有個財務目標是要儘早還清債務（貸款），降低每月多支出的利息，只是順序上不能搞混，必須先把緊急預備金準備好，再來集中精神與金錢還清貸款。所以身上有負債的人，預備金的金額建議先準備 1 個月生活資金就好，原因如下：

原因 **1**

1個月的目標容易達成

一開始就做對的事，後面會簡單許多。先讓自己有達成目標的成就感，會讓自己更有力量去面對後續的還債過程。而設定 1 個月的生活資金就可當成理債計畫的第一個目標，當你完成這個較不困難的目標後，能讓自己更有信心解除身上債務，同時準備好一筆小額預備金來保護自己。

原因 **2**

打破債務循環

身陷債務的人最大的危機不是要還的錢太多，而是沒有盡快止血讓自己陷入無限循環的債務裡。負債的人如果還是跟以往一樣隨意用錢，很容易因為資金不足又去借更多的錢，或是利息過高讓每月還的本金太少。要打破這種奪命循環利息最好的方法，就是去做跟借錢相反的事。什麼是跟借錢相反的事？就是存錢。而這一個月的救命金就等於存下一筆錢擺在銀行裡，同時也準備好最初的緊急預備金。

原因 3

階段目標在於減少每月利息錢

　　提前還本金的好處是讓利息錢愈繳愈少，多出來的資金就可以拿去還更多的債務本金。所以身上背債的人若想存到 6 個月預備金，在現金流吃緊的情況下，就會付出過多原本可以不用繳的利息。當然，1 個月的預備金在防護上絕對不夠，但已經可以減少許多突發事件的衝擊。而且別忘了，身處負債的人本來就應該在工作上更努力表現，保護好自己現有的工作與現金流，同時減少發生意外的機會，讓這 1 個月的預備金不用承擔過高的風險。簡單來說，除了工作外其他時間就少出門，待在家也比較省錢。相信我，用這段時間的犧牲換取未來健全的財務狀況絕對值得。

原因 4

債務每減少一半就多存 1 個月預備金

　　前面說過 1 個月的預備金其實並不夠，所以當你把債務減少到原本的 50% 時，就是加碼再多準備 1 個月預備金的時候。而且因為屆時的還款金額已比一開始少許多，所以這第二個月的預備金就會更快達成，提前還貸款本金的計畫也不需暫停過久。這 1 ＋ 1 個月的預備金還有幾個意義：一、告訴自己已經還清一半債務，知道自己財務狀況正在改善；二、拉高保護牆，讓自己更加遠離債務。

　　當你把債務繼續減至最初的 25% 時，就再追加第三個月的預

備金。存足這 3 個月的預備金後，接下來就可以將最後 25% 的債務一口氣全數還清。一旦還清所有的債務，再把剩下 3 個月的預備金缺口補齊，或是如前文所說依個人條件準備足夠的預備金。

　　請務必記住，相對無負債的人，準備緊急預備金對有負債的人更為重要。準備第一個月的預備金也可以扭轉財務劣勢，從借錢行為開始變成存錢行為，心態上會有很大的轉變，同時讓自己無後顧之憂的全心清償債務。

　　還債之路，就從存下第一個月預備金開始！

富朋友語錄

　　如果你覺得存錢很痛苦，
　那一定是沒嘗過缺錢的恐懼。

面對它吧！個人預算真的很重要

　　你是否曾有類似的經驗？每個月當工作薪水發下來時，很高興的去 ATM 提款機領了生活費出來放到錢包裡，過了幾天突然發現錢包裡領的鈔票都沒了。你知道這些鈔票並不是被偷走，而是你的腦袋想不起來這些剛被領出來的錢花到哪裡去，你只有模糊的印象這幾天確實有花錢買東西，但就是無法明確的回想起你花去哪裡。接著你只好走到 ATM 再領一次錢，隔了一陣子同樣的情況又再度發生。如果你有類似的經驗，或是你常常遇到買東西時皮夾裡錢不夠要臨時去領錢的情況，小心你可能已經陷入金錢管理中的一個盲點……。

　　這盲點就是：你的錢，走丟了！

　　我常跟我朋友用認真的眼神但玩笑的語氣說：「如果你不知道你的錢去了哪裡，通常都是去了別人口袋裡。」意思是錢都是在無感的狀態下被花用掉。而要防止「錢走丟」這樣的情況發生，需要的就是預算的規劃，只是在個人理財或金錢管理中，預算的重要性一直被人所忽略。

　　設定預算是一個看不見、摸不著的事情，因為訴求的是未來用

錢的規劃，所以在沒有立即急迫性的情況下，少有人真的好好坐下來規劃自己的預算。除了沒有認知到預算在個人理財中的珍貴價值外，另外有些人心理潛意識會告訴自己，設定了預算好像就會綁住自己的「自由」，不能再隨心所欲花錢，也因此預算常常是理財中容易被忽略的領域。

預算不只要控制消費更要規劃未來

　　但其實預算真的很重要，就像你要蓋一棟房子，你不會打個電話就請工人直接來家裡施工吧？你會先找設計師以及工地主任坐下來好好規劃藍圖，決定房子要蓋成什麼樣子，要怎麼施工，施工需要多久的時間，最重要的是計算出要花多少錢。或者是今天你打算買一部車子，你會先思考你身上有多少錢可以買車，然後再去展場看有哪些車款適合你的需求。你會先評估，接著詳細計畫，最後再下決定。

　　預算的用處就是如此，它不只是用來控制你的消費，它就像規劃一棟房子，能幫助你規劃出想要的人生，過想要的生活，讓錢依你的指令去行動，而不是盲目的被花掉，一直走進別人口袋裡。個人理財的預算也不需像企業或是政府部門所談的「預算」那麼嚴肅，個人預算的規劃比較像是種現金流的規劃，把你的錢按照你規劃的現金流分配到適合的地方。**當你可以明確告訴金錢該去哪裡，你就等於有能力管理金錢，而錢會自然流向善於管理它的人。**就像是工作上我們也喜歡在有能力的領導者底下做事，你的錢也會希望

找到管理能力好的主人告訴它該做什麼。

預算也能讓你預先管理未來支出，避免突然現金流不足。試想一下每年到了報稅季節時，你心裡會有「這個月又要多花錢了……」這種無力感嗎？還是你總能夠輕鬆地繳完稅，因為你早就在每個月都規劃好一筆錢要拿來繳稅？顯然後者的人比較善於管理金錢，掌管好自己的未來。

瘋狂節省不是預算的目的

除此之外，預算也是為了規劃更多可用資金來做理財，從自己身上找出更多的錢來投資。每個月當工作所得進來時，除了必要生活費一定要進到別人口袋外，其餘的資金運用就會決定每個人的未來財富。這筆錢是要存在銀行還是拿去投資？是要提前償還貸款還是要拿去買保險？有多少錢要撥到退休帳戶？這些事情雖然沒有急迫性但都是重要的事。如同舉辦奧運的國家不會在舉辦的前一年才開始準備運動場地，想要在未來達成財務自由的目標也是需要經過長期的規劃。

另外要特別說明，做預算是希望能夠增加財富沒錯，但絕對不是要你瘋狂地省吃儉用，那樣只是會讓你愈過愈辛苦，最後放棄做財務規劃的念頭，這不是我們做預算的目的。

讓人不想做預算的另一個原因，就是認為做預算過於麻煩跟困難，以為每個花費都要精算完整才叫做好預算。

　　確實，我們規劃個人預算的目的是希望能夠 100% 掌握自己的金錢流向，不過那不代表我們一開始就要做到那麼棒，是吧？要念研究所也要先經過國中、高中、大學的教育過程；想要挑戰大聯盟也要先練習揮棒才行，沒有人一開始就可以把事情做到完美。規劃個人預算同樣也是種練習過程，只要有練就會慢慢熟悉，哪怕你只是簡單的列出未來幾筆開銷，都是一個好的開始。不在乎一開始能夠做出多好的預算規劃，而是能不能慢慢的掌握到未來金錢花費，我們並不是要經營一家上市櫃公司，你的預算只是要給自己看。

　　試著回答以下問題：你現在能不能大略估出每個月的生活費是多少？每個月房租或房貸是多少錢？每個月水電要繳多少錢？每天的用餐費用大約是多少？如果你回答得出上列任何一項的話，你已經做到初步的預算，只是差在你還沒有把它記在紙上或電腦裡。

　　說到這，相信你已經知道做預算的重要性。至於要如何開始執行個人預算呢？方法就在下一篇，而且簡單到讓你不覺得是在做預算，但卻能完整規劃好未來各種需要的資金。

最輕鬆的預算規劃： 功能帳戶理財法

　　暢銷書作家哈福・艾克（T. Harv Eker）曾在他的著作中，介紹一套金錢管理系統叫「六個罐子」，這套管理方法包含許多財務管理的觀念，可惜在書中他並沒有對這套方法多做說明，加上他是美國人，對於金錢管理態度跟華人有不少差別。後來我自己研究並實行後，將它改良成適合國人習慣的財務管理方式，稱之為「功能帳戶理財法」。

　　提到帳戶，一般直接想到就是銀行裡的帳戶，不過這裡說的帳戶可以更廣泛地定義為「可以存放金錢的地方」，舉凡信封袋、紅包袋、存錢筒、空罐子、小豬撲滿，都可視為一個「帳戶」，每個帳戶將依規劃的「功能」來存放金錢，所以稱作「功能帳戶」。但真正重要的不是你用什麼容器來放錢，而是在這系統背後的金錢管理觀念。我之所以認為它適用於每個人，就在於**它結合了預算規劃、先支付給自己、賺取被動收入與實現財務自由的觀念**。

在詳細說明這套存錢系統前，先分享一下我個人執行後得到的好處。在使用這個方法前，我本身就有一套金錢管理的系統與規則。我擁有自己的被動收入、有自己的存錢守則，每個月都會照比例將錢分配給不同的需求，不過我那時還沒有發展出一套系統將它們整合在一起，而且對系統中重要的兩個特色「聚焦」與「平衡」尚未有完整概念。

後來我開始把原先的方法整合進功能帳戶理財法後，我發現雖然我的實質收入沒有增加，可是存錢速度卻加速不少，而且對金錢管理的心態更為全面與快樂。更令我驚訝的是，我的被動收入來源重心從原本只有投資型的被動收入，開始增加事業型的被動收入。被動收入的來源總數也慢慢增加了，這部分是我完全沒有意料到。

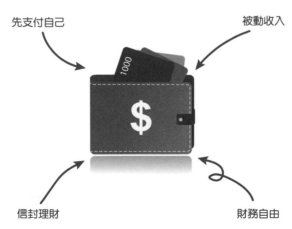

▼功能帳戶理財法的優點

先支付自己　　　　　　　　　被動收入

1000

$

信封理財　　　　　　　　　　財務自由

3 步驟
學會功能帳戶理財法

步驟 1
定義各帳戶的功能

　　當你每月薪資所得進來時，要先將薪水依照功能性分配到不同帳戶。各帳戶都有獨立的功能，用來支付當前、短期、長期的資金需求。比如說你每月都會存一筆錢要用作投資，就可以設定一個帳戶叫投資帳戶。帳戶的分類與數量依自己需求而定，一般來說 4 到 8 個帳戶應該就會足夠，也比較好管理。

　　為了更清楚說明分配流程，這邊舉例適用最多人的五種帳戶來做說明，如果沒有特定需求，建議可從這五個帳戶開始管理收入。

投資理財帳戶：

　　這是專門用來存投資本金的帳戶，是要讓你提早退休，達成財務自由的一個帳戶。存在帳戶裡的錢有個規定，在非必要情況下，裡面的錢進與出都只能跟投資有關，絕對不能提領出來花用。如果投資有獲利或是生利息，也一樣要繼續存回這帳戶裡。至於何時才能花用帳戶裡的錢？就是實現財務自由或是退休時，在此之前都要讓帳戶裡的錢不斷複利增值。

自我成長帳戶：

　　這裡的錢是存下來提升自己競爭力，增加自己大腦知識用。比如下班時間想要去進修第二專長或是加強外語能力，課程費用就是從這支出；或者是每個月買書來充實自己的大腦，也可以從這裡支出。像我個人有定期閱讀的習慣，每個月都會固定分配錢去買書，這帳戶對我來說就很實用。

盡情享樂帳戶：

　　這個帳戶的錢是要讓你任意花費，設立的原因是為了讓你維持工作賺錢的動力。如果一個人爬山一直用最大的力氣往上爬而沒有休息，總有一天他會停下來無力再往上爬。這跟我們存錢理財一樣，是為了將來能夠有更好的生活，不過無止境的犧牲短期快樂只會讓我們愈走愈慢，結果因為心理不平衡而一次就花掉大半存款。所以這個帳戶就是讓我們適當的解放壓力用，同時也達到控管自己花過多的錢在玩樂上。

長期計畫帳戶：

　　這是用來滿足大筆消費金額的帳戶，比如出國旅遊、汽車頭期款、3C 產品等，凡是需要存一陣子錢才能支付的物品，其他四個功能帳戶又不能符合的時候，就需要利用這帳戶來實現。另外，如果你有一個計畫支出是多年後需要支付的，比如說小孩的教育基金，或是出國留學基金，也可以透過這個帳戶來準備。

生活必需帳戶：

這個帳戶是用來支付「必要」的食衣住行費用，比如房租、房貸、水電天然氣費、交通費、保險費、信用卡費等等，也就是說為了生存下去所要花的錢都歸類在這帳戶裡。

步驟 2

決定各帳戶的存錢比例

接著，我們要設定每月工作收入分配到各帳戶的比例。在規劃時有幾個重點：一、投資理財帳戶的比例不可以是最低；二、每個帳戶都要分配到錢。原因稍後再解釋，下面是標準版比例：

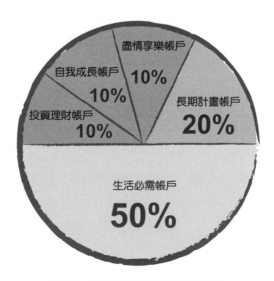

▲以上為每月薪資扣除所得稅後的比例。

　　舉例，小玉每月的薪資收入是 30,000 元，在預留 2% 做為所得稅待繳後，每個月可以動用的金額是 29,400 元，那麼各帳戶分配金額為：

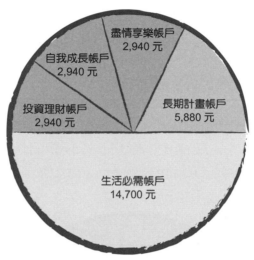

步驟 3

決定各帳戶的分配順序

　　現在我們已經決定好各帳戶的比例，那麼當每月領到薪水時，該把錢先分到哪個帳戶呢？這時就要好好實踐前面提過的「先支付給自己」觀念，雖然在分配的優先順序上並不會對存入金額有所差別，不過心理上會因為先後順序而提醒自己哪個帳戶最重要，以及把付錢給別人的行為留到最後。也就是說，第一個優先要分配的帳戶，就是能讓你提早退休、達成財務自由的投資理財帳戶，而生活必需帳戶裡的錢都是要給別人的，所以就是排在後面。至於其他

帳戶就可依個人的重要性決定分配順序。以下是我會建議的分配順序：

▼功能帳戶分配順序

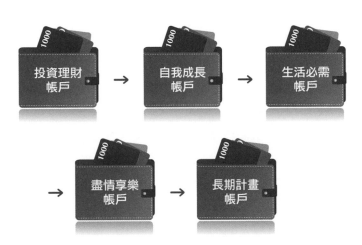

富朋友的分享

精簡版功能帳戶理財法

　　如果覺得一次管理五個帳戶太複雜，可以試著整合成四個基本帳戶，分別是投資理財帳戶、盡情享樂帳戶、長期計畫帳戶、生活必需帳戶。其中自我成長帳戶就併入在長期計畫帳戶裡一起管理。等待上手後再把各帳戶功能分開，甚至加入自己獨有的專門帳戶，如小孩教育費帳戶、結婚帳戶都可以。

**聚焦、分工、平衡
3 特點讓你財務更自由**

特點 1

聚焦

　　為什麼要照前面所提的順序來分配收入？即使只是用銀行轉帳到不同的帳戶，還是要照這個順序轉帳，原因就是要聚焦。當你愈專注於某件事，那件事情就愈會擴大，所以要讓自己的大腦習慣專注在最重要的目標──財務自由。

　　同樣原因，自我成長帳戶的錢會放在第二順位，是因為個人學習可增加自己的職場競爭力，幫助自己在工作中升遷，賺取更多的薪資收入，可分配到投資理財帳戶的錢也就變多。前面提到我有能力建立起更多的投資收入，也就是因為一點一滴累積知識而來。

特點 2

分工

　　若你經營一家公司，你會讓所有員工都做同一件事嗎？還是你會指派員工做不同的事？或是你要組一個籃球隊，隊伍中應該有前鋒、中鋒與後衛，還是只有打同一位置的球員呢？試想一下如果整個球隊都是後衛的話，你這支球隊會變成如何？相信很容易就因高度不夠而一直被對手得分吧！所以功能帳戶理財法就是要做到分工的目的，讓每個帳戶都有專門的工作要做，形成可支應短、中、長期不同開銷的現金流系統。

特點 3

平衡

　　規劃個人預算的時候，現金流平衡是件很重要的事，然而這只是指金錢數字上的平衡，在分配現金流系統中更重要的是讓你的情緒也得到平衡。想像一下當你努力工作加上省吃儉用終於存下一大筆錢，有天因為工作上的壓力或是遇到不如意的事，讓你決定「今天要好好犒賞自己」，這時候衝動性的消費往往會讓你一下子花掉很多錢，甚至是把辛苦存下來的錢一次花完也有可能。

　　所以，設置盡情享樂帳戶是為了平衡你的工作心情，避免類似情況發生，當你每個月辛苦存錢進到投資理財帳戶時，也要懂得運用享樂帳戶來維持自己努力工作與存錢的動力。這也是為何會建

議投資理財帳戶與盡情享樂帳戶都分配 10% 的原因，因為你需要的是心理上的平衡，當你存下 10% 的錢去投資，同時也有 10% 的錢可以享樂，理財之路才會走得更長久！英文有句話「Work hard, play hard.」（努力工作，盡情享樂），就是這個用意。

富朋友語錄

> 賺錢要努力，花錢別用力，
> 存錢需毅力，投資務必靠腦力。

功能帳戶理財法的 存錢比例可以調整嗎？

　　每個人的情況都不同，可以照自己的需求去分配比例，標準版的分配只是做為一開始的參考。不過有個重點要把握：投資理財帳戶一定要視為最重要的帳戶！也就是說，你不能隨意減少投資理財帳戶的比例，該帳戶的存錢比例也不能是最低，最好保持在每月存入薪資收入的 10% 以上，其餘的帳戶才可以做比例增減的動作。要知道這個方法是為了幫助我們管理好金錢，讓我們實現財務自由以及提早退休，所以絕對不要去刪減能夠讓你財務自由的資金。

若生活費超過所得 50% 時……

　　有些人可能會遇到這樣的問題，如果 50% 的生活費還是不夠生活開銷怎麼辦？首先你必須先檢視所用的生活花費是否為必要支出，試著讓生活簡化一些，以降低生活費。若檢視過所有的必要花費後，生活費仍然超過所得 50% 時，這時在分配比例上就必須做調整，而且要先從投資理財以「外」的帳戶開始調整，真的不足時才考慮降低投資理財帳戶的比例。比如一個所得較低的人，分配比例可以調整為：

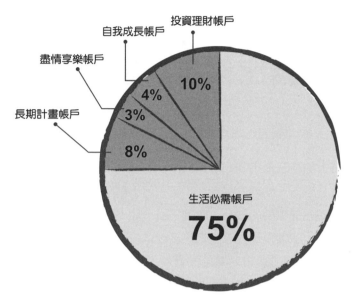

▲之後目標仍是朝向把生活費比例降到 50%。

若生活費低於所得 50% 時⋯⋯

　　如果你想更快達成財務自由，可以試著降低生活必需帳戶比例，把多餘的錢存入投資理財帳戶。前面提過作家湯瑪斯・史丹利調查的美國百萬富翁，多數在致富前生活都比較簡單，他們會盡量降低生活上不必要的開銷，然後把這些錢拿去投資在能產生收入的資產上。因此若你的生活費已能控制在 50%，那就試著再降低到 50% 以下，把多出來的錢轉存到投資理財帳戶，讓更多的錢可以幫你工作。

注意，你要分配的是稅後收入

因為我們領到的工資大多是稅前所得，所以特別提醒大家不要一領到錢後就開心地直接分配掉，記得先扣除掉所得稅後才開始分配。建議大家可以開一個專門帳戶用來存稅金，每個月依照所得稅比率先將稅金撥錢進去，之後再開始分配金錢。

功能帳戶理財法是一套簡單又有效的財務管理方法，因為簡單所以有讓人持續執行的動力，因為簡單所以你會更清楚自己的財務狀況，這也是我把功能帳戶整合進電子記帳本的原因，透過財務規劃區的分配來實現這套財務管理方法。

富朋友的分享

多個財務自由存錢筒加快存錢速度

為了加快財務自由的腳步，建議在家多準備一個透明存錢筒，每天回到家就丟錢進去。重點不是放多少錢進去，而是做這個動作提醒自己持續聚焦在財務自由上，等待裡面的錢累積到一定金額，再整筆存到銀行的投資理財帳戶裡。這樣做就可以在繁忙的工作中，定時提醒自己財務自由的目標。而選擇透明存錢筒的用意，是為了將存錢過程視覺化，當你看到裡面的錢愈來愈多，自己的存錢動力跟成就感也會愈來愈強。

你的存錢效率有多高？一定要關心的理財指標

　　現在你已知道如何分配每月收入，同時為自己的短、中、長期規劃存錢。現在我要再告訴你一個更有用的理財指標，能夠加快你的存錢速度，只要持續追蹤它，就可以存到更多的錢。

　　這個指標就是：**存錢效率**。這是一般人存錢時很少注意到的自我檢視指標，也是我在學習理財後才漸漸得出的想法：注重存錢效率比注重存多少錢還重要。當然，如果以數字結果來看，每月、每年能存下的錢是愈多愈好，不過如果少了存錢效率這指標，你很可能拖慢自己變富有的速度，甚至讓自己賺得愈多，卻變得愈窮。

　　什麼是存錢效率？直接舉一個例子說明。李先生與小曹兩個人每月薪水都是 50,000 元，李先生會存下其中 15,000 元，小曹則是存下 20,000 元，在這樣的情況下我們會覺得小曹比較會存錢。不過如果再細看兩人的收入與支出情形，發現李先生因為有老婆小孩要養，所以在扣除必要開銷後，每個月的可支配金額為 25,000 元；而小曹是單身，每個月扣除必要開銷後還剩下 40,000 元可支配，就存錢效率來說，李先生其實比小曹還會存錢。

李先生的存錢效率：**15,000 / 25,000 ＝ 60%**

小曹的存錢效率：**20,000 / 40,000 ＝ 50%**

上面這例子有三個關鍵詞：必要開銷、可支配金額、存錢效率。必要開銷就是每個月一定要支出的錢，比如房租、房貸、水電瓦斯、伙食費、必需食衣住行費等；每月收入所得扣除必要開銷後就是可支配金額；最後能存下來的錢占可支配金額的比例就是你的存錢效率。以公式來表示就是如下：

$$存錢效率 ＝ \frac{真正存下的錢}{月可支配金額}$$

聰明的你應該體會到關注存錢效率的用意，就在於從能存下「多少錢」轉變成能存下「多少該存的錢」。兩者乍看之下好像只是文字描述方式不同，不過其中的差異還不小，最主要就是差在一個是觀察靜態的金額（存多少錢），另一個是觀察動態的比例（存下多少百分比）。**長期而言，持續追蹤動態比例來存錢，比只看靜態數字能存下更多的錢，特別是當你加薪而收入變多時。**

提到加薪，很多人可能會想大嘆一聲「難呀～！」不過在職涯中多少還是有收入往上調升的機會，表現好的甚至一、兩年就會加一次薪。當收入往上調整時，每個月的可支配金額就會變多，所以接下來就有兩種選擇處理多出來的錢：先存下更多的錢，或是提升生活品質。你覺得多數人會選擇哪一個？

別因為提高生活品質讓自己變更窮

是要先存下更多的錢還是提升生活品質？通常我相信多數人會選擇「存下更多的錢」，不過我擔心有更多的人會把錢花在「提升生活品質」。很無力，因為我們所處的社會環境就是這樣；名牌包、貴婦鞋、帥氣房車、流行潮衣、新款智慧型手機、超酷 3C 等，廣告媒體一再提醒我們有錢就該擁有這些來犒賞自己工作的辛勞，而這也讓多數人掉入「收入愈高，花愈多錢」的無限循環。

不過先暫停一下！我可不是要大家只追求極儉的生活，我要強調的是，提升生活品質並非不行，賺錢讓自己過好一點是應該的，只是別一下子就提升那麼多。

這就是我強調存錢時要注意存錢效率的原因，因為只看自己存下多少錢，反而會花掉更多不該花的錢，改用百分比衡量才可以解決這問題。舉個例子：小進是一個每月賺 30,000 元的人，其中 20,000 元是必要開銷，剩下的可支配金額是 10,000 元，他存下其中的 8,000 元，剩下的 2,000 元可自由花費。工作幾年後小進收入增加到 36,000 元，因為加薪所以他決定每個月存 10,000 元，自己也很高興能存的錢變多，變得更富有。

我們來看他的存錢情況：

▼小進加薪前後的存錢狀況

加薪前	
月收入：	30,000
月必要開銷：	20,000
月支配金額：	10,000
自由花費：	2,000

每月存8,000元

加薪後	
月收入：	36,000
月必要開銷：	20,000
月支配金額：	16,000
自由花費：	6,000

每月存10,000元

很不錯，每個月存的錢從 8,000 元變成 10,000 元，但你是否注意到他的自由花費增加更多了，從 2,000 元變成 6,000 元。所以加薪讓小進表面上變得更富有（多存 2,000 元），但實際上的財富增長力道卻變弱，而這力道就是我所說的存錢效率。

如果加入存錢效率來衡量小進加薪後的存錢情況，他就會清楚發現加薪後反而沒有真的存比較多錢，存錢效率反從原本的 80% 下降到 62.5%。

▼改用存錢效率檢視存錢狀況

加薪前	
月收入：	30,000
月必要開銷：	20,000
月支配金額：	10,000
自由花費：	2,000

每月存8,000元
存錢效率：80%

加薪後	
月收入：	36,000
月必要開銷：	20,000
月支配金額：	16,000
自由花費：	6,000

每月存10,000元
存錢效率：62.5%

關注存錢效率，才能增加財富

　　我想你已經了解，只是一個簡單的觀念轉變，從關心存下多少錢變成檢視存錢效率，其中的差別竟然這麼大。以小進的例子來說，如果他知道自己要維持 80% 的存錢效率，加薪後就應該要存下 12,800 元而不是 10,000 元。而他也不需因此過得更節儉，因為可自由花費的錢從 2,000 元增加為 3,200 元，比加薪前多 1,200 元，算是獎勵自己努力工作換得加薪的辛勞。這就是我一開始所說：「提升生活品質是應該的，不過別一下子提升那麼多。」

　　所以理財真的很有趣，是吧？觀念不同，結果不同；方法要對，才會正確。很多平時理財少注意到的細節，其實正是提早達到財務自由的關鍵！

富朋友語錄

> 你可能無法靠存錢就致富，
> 但你會因此而踏上那條路。

貸款都是用生命換來的

　　貸款是一把兩面刃，控管得好能夠讓你財富提升，控管得不好就會變成拖累人生的兇手。自從資本主義主導世界金融後，信用擴張已經是這個世界經濟運轉的重要關鍵，透過信用來購買東西已成理所當然的事。但是你在運用貸款同時，有沒有注意到這也許是整個金融體系刻意營造的催眠環境，各大銀行不斷透過廣告、電視節目，讓每個人認為運用貸款買東西是正常的行為，用信用卡分期付款是聰明的方式。

　　但其實，這些貸款都是我們用生命自由換來的。

　　先來思考貸款的用意。基本上，多數人都是在購買需支付大筆金額的物品（房子或車子）才會貸款。以房子來說，金額動輒數百至數千萬，上班族根本無法不貸款，而且房子買了之後有機會增值，所以辦貸款買房子比較合理。但是車子呢？車子就不一定得貸款，而且車子一落地馬上跌價，等於是借來的錢瞬間消失，我就認為買車子並非要貸款不可。

　　不過現代人辦車貸買車已經是很正常的事，電視廣告也會先算好頭期款付多少，每月再分期付多少就可以馬上開回家，還提醒你車貸是零利率。但事實上有那麼好康的事，貸款免利息？其實車商或融資銀行都是先把利息加在月付金額中包裝成零利率再售出，不

信的話，改天你抱著現金去買車，車商一定會盡可能的給你折扣，不然就是加送原本沒有的配備。

再者，當你貸款的時候，其實是預支了生命來消費。如果說我們今天活在遠古時代，只能以物易物或是以勞力換取生活物品，人們過著付出一天勞力換取一天食物的規律生活。在這樣的時代，若你想在家儲存一年份的食物該怎麼辦？唯一能做的恐怕就是用更多的勞力來換取，但因為一天的工作量只能換取一天的食物，所以想要一次拿到一年份的食物就必需先承諾某個人，接下來一年的時間免費為對方工作，而且絕對要守信用不能落跑或不幹！換句話說，你是拿一年 365 天的工作人生去跟對方換取一年的食物。

現在回過頭來想像你要買一台車子，一般來說要花數十個月的薪水才能用現金買到一台車。這時該怎麼辦？要不就慢慢存錢等待錢夠了再買，要不就先預支數十個月的薪水來買，而後者就等於在遠古時代預先換取糧食一樣，用未來的生命換取當下不足的現金。有句名言是這樣：「富人管轄窮人；欠債的是債主的僕人。」我想很多人都不願意當僕人，不過事實上許多人早已經是。

如果可以的話，不要急著買現在還買不起的物品，當你貸款的同時你就是用生命與未來時間換取當下的享樂，如果你目前還承擔不了那樣的消費，還是乖乖選擇現在就能支付的生活吧！

信用卡是刷掉你的信用
還是刷掉你口袋的錢？

　　時常收到網友 Email 針對記帳方式詢問「為何刷信用卡可用餘額要先扣除？不是下個月才要繳卡費嗎？」或是「刷卡的錢能不能記在繳卡費時？」類似的問題都指向同一個想法：認為刷卡的錢應該在繳費時才算支出。信用卡的好處確實是可以讓現金流晚點流出去，但晚繳費與晚付錢的差別很大，意義完全不同，其中關鍵就在你是刷掉自己的信用，還是刷掉你口袋裡的錢。

　　思考一個有趣問題：銀行為何要發行信用卡免費借我們錢消費？一般來說刷卡當天到繳費期限會有 30 到 45 天的間隔，所以刷卡買東西的錢是銀行預先借給你，如果你在繳費期限前把這筆錢還給銀行，銀行不會收你任何利息跟費用，這段時間等於銀行完全免費借錢給你花用。你有想過銀行為什麼那麼好嗎？如果你覺得銀行本來就該這樣的話，換個角度想，你願意把錢借給不認識的人，只要 30 天內對方還錢就不收任何利息嗎？通常不會願意，借錢哪有不收利息的，只是既然我們都不會平白借錢給人，那為何銀行會那麼好心？

愈多人刷卡，銀行愈賺錢

其實銀行會那麼好心，是因為有一定的比例可以收到利息錢，因為大部分人在刷卡時都是當作預支信用在消費，多少還是有人會過了期限卻沒有繳費，這時銀行就賺到利息。

銀行是怎麼計算信用卡利息的？實際計算方式有些小複雜，不過簡單來看就是一旦你沒有全額繳清卡費，利息就會從刷卡日當天開始計算，直到繳清卡費為止，借多久錢就計算多久利息，一天都不會少。也因此，銀行都希望使用信用卡消費的人愈多愈好，因為愈多人刷卡就有愈高的機會可以賺到利息。

這也就是你在使用信用卡時，心態上是用信用在消費，還是用口袋裡的錢在消費，兩者差別很大的原因。口袋裡的錢是指當下可以花費的金額，比如這個月領到 4 萬元薪水，扣除生活費跟必要開銷後還剩 1 萬元可以用，這 1 萬元就是我所謂「口袋裡的錢」。一般來說，銀行判斷一個人的信用額度會看他未來能夠承擔多少貸款來決定，信用正常的人，卡片額度應該可以比月薪多 2、3 倍。由此可知你的「信用」是有機會大於你「口袋裡的錢」，特別是你銀行裡沒有多餘生活費存款的時候，因為每個月可用的錢差不多就等於月收入。所以當你用信用卡所消費的錢超過當下實際可支付的錢時，等於就是在預支信用消費。

舉個例子：假設你想要出國旅遊，旅費是 3 萬元，可是當下你口袋裡的錢，也就是銀行存款與身上現金，加總起來只有 2 萬元，

這些錢無法支付你出國玩，你也只好殘念地選低於 2 萬元的行程，但至少不會透支消費。

若改成刷信用卡呢？如果你的信用卡額度還夠 3 萬元的話，那麼卡刷一下就可以出國了，但這時你也一步步走進信用透支的陷阱，因為你已經開始預支你的信用在消費，而這也是銀行樂見的行為，因為當你繳不出錢時銀行才能開始收取利息。

心態差別影響口袋深淺

或許有人會想，只要我下個月領薪水，在繳費期限前繳清不就沒事了嗎？如果這樣想就代表你的現金流開始出現盲點，因為消費的同時你心態上應該要當作這筆錢已經花掉，無論是不是刷卡東西確實已經拿回家了，所以現金流實際上已經形同支出，如果你沒有足夠的錢可以消費這件物品，你根本就不應該刷卡買它。如果你是用信用卡額度或是延後付費的想法在控管你的消費支出，那你就是不斷預支自己的信用在消費，無論實際上有沒有透支。

這也就是為何銀行很樂於調高你的信用卡額度，因為如果你是用刷卡額度來控管消費的話，一旦信用卡額度被調高，不就代表你可以消費的上限也變高？不知不覺間你就會預支更多的信用來消費，萬一某天你突然現金流吃緊，沒辦法全額繳清信用卡時，「砰！」你就掉入銀行早早設好的陷阱。陷阱早就在那，只是看你會不會跳下去而已。

　　所以，你是用什麼樣的心態在刷卡消費呢？如果你是用刷掉信用的方式在消費，建議你快快把信用卡剪掉，換成有多少存款才能刷多少錢的金融記帳卡。若你跟我一樣，每刷一筆信用卡都視為花掉現金，如此使用信用卡才是安全的，也才真正享受到信用卡帶來的優惠與便利。

富朋友語錄

刷卡刷口袋裡的錢，叫消費；
刷未來的錢，叫透支。

為何提前還清貸款如此重要？

　　思考一個問題：現在有兩個人要辦貸款，一位是收入不穩定有時領 2 萬元有時領 8 萬元，月薪平均起來是 5 萬元，而且領的是現金沒有收入證明；另一位在公家單位上班，由政府每月支付薪水 3 萬元，你覺得這兩人誰比較有能力跟銀行貸款？去問每家銀行，答案肯定是後者只領 3 萬元的人，而且可貸金額也比較高。不過為什麼月薪 3 萬元可以比月薪平均 5 萬元還容易辦到貸款？銀行會說因為是公務員、有穩定的薪水、有存款收入證明等等，這些都是有利於貸款審核的條件，但我認為最實際的說法是：**後者在銀行眼中，他的「未來」比較有價值。**

　　如果今天要你借錢給人，先不管你跟對方是不是麻吉姐妹淘，決定借與不借應該來自你認為借錢的人「還不還得起」。對於銀行而言，借錢出去最怕的也是貸款人無法還錢，所以擁有穩定可預期的未來收入是銀行核准貸款的重要考量。

　　但其實對於辦貸款的那個人來說，也等於把自己未來的自由抵押給銀行。

　　不然為何每月只領 3 萬元的人，可以在「現在」就比平均月收

109

有 5 萬元的人擁有更多的錢？就是因為貸款的人等於把未來好幾十個月的收入，先集中到現在一次就擁有。拿計算機按一按就知道，3 萬 × 12 個月 × 5 年 = 180 萬，如果要每個月不吃不喝需 5 年才能存到 180 萬，而且還要確保這 5 年每個月都有工作收入。不過若去貸款，銀行馬上就能給你 180 萬。文件簽一簽，電話確認一下，銀行帳戶就多了好幾個零。

當然，每件事都有它的代價；借錢付利息，江湖之規定。

有一句話是「你要我的本，我要你的利。」套用在銀行借錢一樣通用。出來辦貸款總是要還的，辦了貸款之後，銀行就會計算每月要繳交的本金與利息，對借錢的人來說就是一筆固定支出。既然是固定支出，就代表不論颱風要不要上班，公司這個月有沒有發薪水，老闆下個月會不會裁員，小孩有沒有吃飽，這筆錢都是一定要支出。時間到了沒繳該繳的錢，只能拿信用破產或是抵押的房子跟銀行車拼，代價比繳不出錢更嚴重。

盡快還款的3個原因

所以，如果我們身上有貸款，最好就是盡快還清，歸納原因有三個：

原因1 因為貸款是種固定支出

如果今天想要降低每月開銷的話，從固定支出開始著手會更有效率。比如說你想要省錢所以試著將每日伙食費減少 10 元，一個月下來可省 300 元。若換成每月固定要繳的手機費來看，你可能只是每個月少講幾十分鐘的電話就省超過 300 元。

再來，因為固定支出大多是不得不支出的項目。當你沒錢時，你可以吃得簡單點，但是房租或房貸可不能不繳！所以降低固定支出比省吃儉用還更能改善財務現金流。而因為貸款幾乎都是固定支出裡的金額大項，所以射人先射馬，擒賊先擒王，降低貸款支出是減少月支出最有效的方式。

之前國內發生水災，某棟大樓的地下室淹水讓住戶車子都變泡水車。當淹水退去時新聞現場採訪到一位民眾，她的車子因泡水而完全報廢，在報廢車當作背景的情況下，泣不成聲的跟記者反覆說著：「我該怎麼辦？我該怎麼辦？還有好幾年的車貸要繳！這樣子是要如何活下去……」現在回想起那畫面真是心酸，車子因為淹水報廢，但貸款卻要一毛不少地繼續繳。

原因2 買回自由

如果身上有壞債務，把未來的自由都抵押掉，那還想什麼財務自由？英文裡有句名言：「當你有了債務，你就成了他人的奴隸。」（when you get in debt you become a slave）當你向銀行辦了貸款，等於是將未來的自由簽給了銀行，買回自由的唯一方法就是還清貸款，那時才是真正的把信用、房子握在手裡。記住，在還清貸款前，借你錢的銀行可是擁有抵押權，房子不是 100% 是你的。

原因3 反向投資

有人借錢，就有人在賺利息，就跟投資一樣，借錢給別人的一方賺取利息也是一種投資報酬。如果把貸款方（債務人）跟銀行（債權人）之間的資產負債表與現金流向畫出來就很清楚：

▼貸款方與銀行的資產負債表現金流向

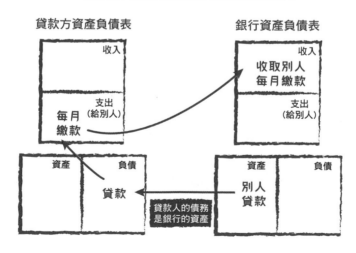

當你向銀行貸款時，這筆貸款會同時出現在銀行的資產項目及你的個人負債裡。因為你每個月要繳款給銀行，繳的錢就變成銀行的收入。除了本金，多出來的利息就是銀行在該筆貸款的獲利，也等於資產報酬。若你能夠提早還貸款本金，減低負債，你就是在做反向投資，將債權買回來，把自己的正向現金流拉高。

舉個例子，假設辦一個償還期五年的 10 萬元信用貸款，貸款利率 5% 採用本息平均攤還法，每個月要繳的本金與利息合計是1,887 元。因為是本息平均攤還，表面上看起來每個月是固定繳相同的錢，但實際上這些錢是採「先還利再還本」對銀行有利的還款方式。第一年還掉的錢是 1,887 × 12 ＝ 22,644 元，其中本金只還了 18,053 元，利息還掉 4,591 元，也就是說第一年繳的 22,644 元中，有將近 20% 都是繳利息！所以在本息平均攤還的情況下，愈提早還清貸款，等於總繳的利息就會愈少；從反向的角度來看，你還款的這筆錢等於幫自己創造更多的現金流。

早日還清才能擁有財務自由

所以身上有債想要讓自己財務更好的人，應該多了解自己的財務狀況，並訂出提早還款的計畫。至於有些人可能會想：「把多餘的錢拿去還債而不投資太可惜了。」這句話基本上要架構在你擁有靠投資賺更多錢的能力才行，不然理當要先把自己的財務體質調整到最好，等貸款繳清後再將每個月多出來的錢分配到投資帳戶裡。

提早還清貸款是我給現在身上有貸款的人的建議，除了房貸因

為金額較大、期數又長之外，其餘的貸款都要儘早還清，先買回自己的自由，之後才能財務自由。當然若有餘力，房貸也要儘早還清比較好。

富朋友語錄

身上有債，人老得快；
身上有財，笑口常開。

滾雪球還債法 提早跟負債說掰掰

提前還清貸款可以讓我們更接近財務自由，增加每月可用於投資的錢，不過如果身上同時背有很多貸款怎麼辦？我相信這問題困擾不少人，而且很多還是深陷債務循環爬不出來的人。在此分享一個有效清除債務的方法，幫你從債務中站起來。

打破舊式還款觀念，從最少餘額開始還起

一般來說，要還清身上多個貸款都會從借款利率最高的開始還。這樣想很直覺也看似合理，因為利率愈高要繳的利息愈多，先還清才划算。只是這方法在數學計算上雖然正確，卻沒有考慮到人在還貸款時面對的壓力。而**滾雪球還債法就是先考慮到人面對債務時的壓力，先建立一個正面積極的還款心態，這比數學計算正確還來得重要許多。**

方法很簡單：從貸款剩餘金額最少的開始還，而不是從借款利率最高的開始還。後續我會用 5 個步驟一步一步教你執行，同時告訴你為何滾雪球還債法比傳統還債方式更有效。

5步驟滾動還款雪球

步驟 1 列出所有的債務

　　還債之路最怕就是不敢面對自己欠錢的事實，不願意認清自己有多少負債。所以首要步驟就是要認清現有事實，面對並承諾把債務都還清，不讓債務持續擴大。現在就找一張空白紙，把你所有的貸款列成清單，並依照以下欄位寫上貸款資訊：貸款名稱、貸款剩餘金額、每月應繳款金額。

貸款名稱	剩餘金額	每月應繳款金額

步驟 2 　決定還款順序

步驟二是滾雪球還債法的關鍵。在清單上依照貸款剩餘金額「由小到大」排出還款順序，剩餘金額一樣的就以借款利率較高者排在前面。之所以先從餘額最少開始還款，是為了能在最短時間內將第一筆債務清償掉，讓自己感受到債務有被還清的可能。如果從借款利率最高的開始還，有可能你第一筆債務就還了好幾年還無法還完，反而會讓人感覺債務沒有還清的一天，失去還債的動力。

步驟 3 　全力還清排名第一位的貸款

排完順序後，下個月開始就集中火力去還第一順位的貸款，其餘的就只繳應繳金額，只要不再增加更多新債務及利息就好。若是身上有多餘的資金，一樣拿去還第一順位貸款，目標就是用最快時間還清最少餘額的貸款。

一旦還清最少餘額的貸款後，接下來就可以把表上的該項貸款打叉劃掉！同時給自己小獎勵，慶祝自己還清一筆債務，讓自己更有動力繼續還清下一筆債務。但記得這個小獎勵可不能破費太多，意思意思就好。

步驟 4 　繼續全力還第二順位的貸款

當你還清最少餘額的貸款時，接下來就是集中火力還第二少的貸款，而且你現在的火力更大了，因為原本每月要繳給第一筆貸款的錢都將累積來還第二筆，此時拿去繳第二筆貸款的錢將變成：

第二筆貸款每月應繳款金額＋原第一筆貸款每月還款金額

　　所以懂了嗎？之後你的還款速度將愈來愈快，就像滾雪球般愈滾愈大，直到最後一筆還款金額將是原本的數倍都有可能。只要這樣堅持下去，債務將一筆一筆被還清，而你也就離自由愈來愈近。

步驟5　還清所有債務，開始準備投資

　　當你無債一身輕時，除了該有的慶祝外，也別過於放縱，因為你還沒真正達到財務自由，還是要保持管理金錢的習慣，絕不可以覺得手頭寬裕就亂花錢，而是要把這些錢拿去做投資理財，開始幫自己打造財務自由之路！

　　按照這 5 步驟來面對債務，你會發現等於擁有一個債務清償系統，有了系統就可以更有效的還款。相較於一般人習慣收到帳單再想辦法擠出錢還款的方式，這樣滾雪球還債系統更能有效幫自己脫離債務循環，轉往投資理財的世界。

第 231 頁將有滾雪球還債法 Excel 工具可下載，幫你自動排出最佳的還款順序。

建立個人自動化 存錢系統

　　有個很有趣的現象，許多人談到省錢與存錢都會跟克制花錢慾望聯想在一起，心中會想「如果要存更多的錢，就要更努力工作，假日少出門，能走路就不搭公車，能吃泡麵就不吃便當⋯⋯」這些人或許當下存了不少錢，他們靠著驚人的意志力理出不少財，當然值得肯定，只是單靠意志力，有一天是會崩潰的。

　　有段時間我就是抱著這樣的心態在存錢，直到崩潰的那一天。

存錢別靠意志力，小心有天會崩潰

　　如果單看存錢的速度，我自認比同期的人快上許多。從學生時代開始，雖然沒有過著日本阿信的苦命生活，不過也曾為了省錢一個月只花基本生活費用，假日也很少出門。加上第一份工作的積蓄，以及對股票投資的研究，銀行累積的存款始終讓自己很滿意，只是心情上沒那麼滿足就是。因為長時間靠著意志力存錢，人家休息我工作，假日別人出遊我拼命學習投資新知，省吃儉用的痛苦讓我滿腦子想盡快變有錢，這雖然是種動力，但也把我推向貪想用更快的方式來增加財富。

你知道的，捷徑的快速總是讓人心動。

因為心理不平衡，那段時間除了會一吐怨氣反而花大錢來犒賞自己，我還把錢投資在不熟悉的領域。那時，除了股票其他投資工具我都不熟悉，但是為了快速增加財富，為了要補償自己省吃儉用甚少出遊的不平衡心態，我想承擔更大的風險，即使風險大到我自己都不知道能不能承擔，我仍戴上眼罩視而不見，見而不思。我原本自豪的意志力就像泡沫一樣「啪！」地破掉，當然下場就是財富減少。好在熟悉的股票投資一直是我的核心投資方式，雖然在其他投資領域受傷，但還是站得住。

好了，心酸的事就不再多提，重點我想你應該知道，投資當然要選擇自己熟悉的領域，這點務必記得，你不會想像我一樣親身體驗過才了解這重要性。在那次意志力崩潰事件後，我開始思考如何有效的存錢，同時又讓自己的心態維持平衡。這也是我現在要分享給你的經驗，從靠意志力存錢轉成舒服的存錢，而且還是省下許多錢，還是少花很多不必要的開銷，我的心情卻更平衡，生活比以前更滿足，投資也就不會想亂找捷徑，投資成績就愈來愈好。一樣存到錢，執行過程也相同，只是調整方法後心情就完全不同──我開始將我的存錢過程自動化。

你也可以讓錢自動存起來

　　存錢過程自動化有兩種意思，一種是大部分繳費支出都不需親自處理，省下更多的時間給自己，有更多空閒時間去管理你的投資；另一種是你自動就會知道這個月還能花多少錢，不需掙扎吃一個便當要選 70 元還是 75 元，你可以清楚知道當下能花多少錢，而這是最大的好處，不用再為預算感到煩惱。

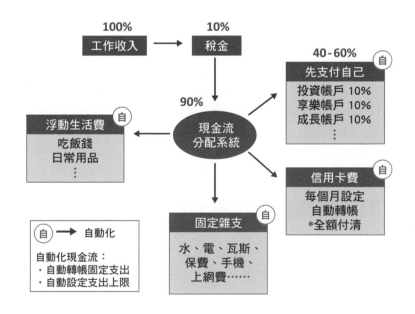

▼自動化現金流分配系統

　　上面是我自動化理財系統的簡圖，每個月當我有一筆收入進來，我會先保留所得稅，剩下的錢就進到自動化系統裡。接下來雖然好像有很多步驟，但實際上都是自動或是半自動進行，在家蹺著腳就能完成。

　　首先我會依照功能帳戶理財法規劃的比例分配要存的錢，然後在生活費帳戶裡預留當月要繳的水電費、手機費、上網費等可設定自動繳費的雜項支出，如果是設定信用卡自動刷卡繳費，就會用記帳的方式先在帳本裡預扣這筆刷卡金，把錢保留到下個月繳費用。我會盡可能將所有繳款通知單變成電子帳單，這樣家裡就不會有過多的紙本帳單要處理。

　　每個月 Email 信箱裡收到信用卡電子帳單後，因為每筆信用卡在刷的當下我已經用記帳本控管記錄實刷實銷，也先把款項留著等待繳費，所以我只要依帳單所列金額繳費就好，不用煩惱生活費帳戶裡的錢夠不夠，收到帳單時也馬上把全額繳清的金額設成銀行自動轉帳繳款。

自動轉帳讓你少花更多的錢

　　自動轉帳的好處，通常會認為可以省下出門的時間，在此我要分享一個很少人注意到的好處：自動轉帳可以減少「不必要消費」的發生。

　　現在繳費很方便，走一段路到住家附近的便利商店就可以繳，

夏天還能吹免錢冷氣。問題是,各大便利商店為何會提供這種近乎免費的服務呢?就是要你增加走進店裡的次數。

以機率來看,你愈常走進那扇叮咚門,就愈有可能看到引起你購買慾望的商品,看到愈多花得也愈多,反正代收費用這筆過路錢對便利商店是有利無損,又能同時增加店內消費,所以各大便利商店都積極推出這種便民服務,卻也讓你增加不必要支出的可能(現在知道為何 ATM 也會出現在便利商店裡了吧)。因此辦理自動轉帳的好處,就是要減少去便利商店的機會,相對也幫自己省下更多的錢。

自動轉帳還有另一個好處,就是你可以延後支出到繳費最後期限,讓這筆錢多待在銀行裡賺取利息,前提是在月初就預先將這筆錢從薪水中保留下來,之後就不需再花腦筋考量各項支出的時間。

剩餘的錢自動變支出上限

對於大部分領固定薪水的人來說,若你設定好自動轉帳且預先算好支出,每個月也依投資理財、自我成長、盡情享樂等功能分配錢到不同的帳戶裡,在領到薪水的同時差不多就會知道當月生活費還有多少錢。此時只要把這些錢領出來用信封袋分裝,或是存到每月生活帳戶、金融記帳卡帳戶,當月的生活費支出上限就自動完成。你不需時時刻刻衡量要省多少錢,因為你該存下來的錢已依功能分配好,能夠花用的生活費上限也控制住,一種對於消費的踏實感就會產生。

　　一旦清楚自己還能花多少錢時，對於消費的慾望就會降低，而且因為剩餘的生活費幾乎只會花在基本的食衣住行上，很容易就可以控管好支出，達到預算的效果。如果真的看到克制不了想買的物品，也因為事先存下享樂費用而花得毫無負擔。你的現金流都是自動分配完成，所以會有更多的時間可以研究投資、陪伴家人，或是從事喜愛的休閒活動。

有效的簡單就是力量

　　我常跟網友說：「過多的選擇都是一種浪費。」投資理財是條長遠的路，途中你會發現很多讓人分心的地方，愈多的選擇愈容易

富朋友的分享

3 步驟存錢自動化

步驟 1：按照前面的功能帳戶理財法，先規畫好如何分配工作收入。

步驟 2：列出各項費用的繳款時間，辦理自動轉帳繳費或用金融記帳卡、信用卡自動刷卡繳費。盡量將支出時間排在相同時段，如月初、月中或月底。無法用自動繳費的帳單，就集中起來選一天出門繳費。

步驟 3：將分配完剩餘的生活費，用單獨帳戶或信封來做支出上限的管理，限定花用在基本的食衣住行。

分心，一不小心錢就會被花掉。所以如果可以事先簡化一些流程，
將存錢理財的過程變成自動化，就可以放更多心力在真正讓你財務
自由的地方，這才是存錢的最終目的，也是需要你最費心的地方。
自從我開始改用這樣的系統來理財，我存的錢一點也沒變少，但是
心態上真的好過很多，也不再是單靠意志力才能存下錢。

富朋友語錄

把現有的錢管好，
才能證明你值得擁有更多。

信封理財法　居家預算好幫手

　　有個一家八口的家庭，靠著每月把全家收入分裝在十個信封袋內的方式，不只能維持家庭的生計，還能供孩子上課學才藝，後來更存到自住的房屋，這件事情還因此上了電視新聞。雖然在計算邏輯上令人不敢置信，但確實可看出如果善用生活中常見的信封袋，可以幫助我們提升理財效率，這就是信封理財法驚人的地方。

　　信封理財的概念不難，就是把每個月的收入所得，依照不同需求分門別類地裝進信封裡，也可以用華人傳統的紅包袋來取代一般信封。不過雖然直覺簡單是信封理財法的最大優點，但在實務上仍然有其不足，底下我就信封理財的優缺點一一說明。

優缺點大不同

優點 簡單、不透支、預算平衡

「簡單」一直是理財系統中重要的一環，因為簡單才能讓人持續，信封理財法就完全具備此優點。每個月工作所得進來時，只要把錢從銀行提領現金出來，依照分類直接放進不同的信封，需要消費時再從信封中拿出來，這樣就是一個簡單又直接的現金流管理系統，隨時可提領或放入現金也省去不少時間。

另一個好處，就是控管你的花費不會透支，因為當你發現信封裡的錢剩下一點點時，馬上就會知道該月在這項目的錢已經快花光。比如你規劃每個月都要上餐廳吃大餐，預算是每個月 3,000元，如果月中時就發現信封裡只剩下 300 元時，就會知道這個月吃大餐的速度過快了，這樣立即的警示系統正是信封理財的一大好處，可以有效控制支出。

強迫預算平衡也是信封理財法的好處，當你發現某個信封袋裡的錢不夠，可是又非得花那筆錢時該怎麼辦？不用擔心，你只需要挪用其他非必要支出的現金就可以了，但相對地被挪出現金的信封袋在該月可花的錢就變少。平衡是規劃預算上重要的觀念，而這點信封理財法很容易就實現。

缺點 保管不安全、沒有利息

保管上的安全性是信封理財法的最大缺點，因為現金就直接擺

在信封裡，當你不在家時難免會擔心被闖空門該怎麼辦。如果每天把現金袋帶在身邊也有遺失風險與管理上的不便。這點單身上班族更須注意，因為上班時住家通常是空無一人，所以這些錢要放在哪裡必須先規劃好。如果家中時常有人就比較沒這方面問題。

　　無法賺到銀行的利息錢也是另一個缺點，雖然目前銀行的利率很低，不過能夠把尚未動用到的錢放到以日計息的銀行，一段時間下來也能多存到錢，運用信封袋來理財就只好犧牲這些利息。

信封理財法運用方式

　　運用信封理財法前，我們要先確定想要達到的功能是什麼，然後再設定每個信封的用途。底下就列舉三種信封理財法的運用方式：

　　1. 以週為單位分配每月所得
　　2. 依照每個月的支出類別分配
　　3. 做為專款專用的資金袋

1. 以週為單位分配每月所得

　　這方式是以時間來控制消費。月初時即把生活費分配到每週花用，比如每月所得是 4 萬元，平均四週下來，每週只能花用 1 萬元，當週要存多少錢，花多少錢吃飯，花多少交通費等，都要控制在 1 萬元以內。以週為單位來計算的好處，是頻繁且固定地檢視個人財務，因為一週就只能花費掉一包信封袋的錢，所以等於每週都

要重新檢視一次自己的財務。由於國內大部分是領月薪，多數人都到了月底才檢視自己的消費，但這方法在領週薪或是雙週薪的國家就很常見，他們也習慣用週為單位來平衡自己的收支，在此以週為單位分配每月所得也有類似領週薪的概念在。

要注意的是可能每月有一週或兩週會有較大的支出，比如房租錢與水電費會集中在某週繳款，該週的信封袋就要預先衡量放較多的錢。如果繳錢時間是固定每月幾號的話，月初時就要先看繳錢那一天是在第幾週彈性做調整。

2. 依照每月的支出類別分配

這方式是以消費種類來分配每月所得，只要準備數個信封袋，在信封外分別寫上不同消費項目的名稱，每個月領到錢就依照預算比例把錢放到信封中。一般來說大部分消費項目就是以下幾種：

當月要儲蓄的錢
伙食費
房租 / 房貸
水電天然氣
保險費
手機電話費
交通費
孝親費

用類別來分配的好處是可以控管每個項目的支出，不過要準備

多一點信封袋就是，也因為信封袋比較多，所以實務上要先去適應才不會互相搞混。另外，還要注意因為是以月單位來結算，所以有可能會在月初不小心花掉較多的錢，到了月底才看到信封裡的錢快不夠而縮減開銷，這部分就跟平常一樣要時常確認信封袋裡還剩多少錢，免得到了月底錢不夠用只能吃泡麵度日。

3. 存下專款專用的資金袋

　　第三種運用信封袋理財的方式，就是指定某幾個信封袋做專款專用資金。比如喜歡旅遊的人，就可以指定一個信封袋當作旅遊資金，領到工資就分配一些錢進去，每次出遊再從這個袋子拿出資金，因為是專款專用所以這裡面的錢不能用在其他消費，如此一來

富朋友的分享

這麼多個信封如何管理？

　　信封理財法在實務上會因為袋子太多不好管理，每次拿錢都要翻找才會找到想要的信封袋，所以在收納時可以發揮生活智慧，尋找方便將信封袋集中管理的方式。底下提供三個實務作法給你參考：利用多頁式文件夾收納信封袋、利用 DVD 收納袋將信封逐頁收好、找一本沒在閱讀的書將信封夾在書頁之間。

　　信封理財法雖然是早期的金錢管理方法，實務上也有不方便保管的缺點，不過對於剛開始學習理財的人，非常適合當作預算管理入門，搭配功能帳戶理財法一起運用更能加強理財效率。

就可以控制自己花費在旅遊上的錢，如果想要存多一點錢出國玩時也會比較好掌控存錢進度。

其實，前面介紹的功能帳戶理財法也是專款專用的概念，所以部分帳戶經常使用到現金時，就可以把信封袋當成管理工具的一部分。還有個重點是可以在信封袋上寫下目前袋子裡的資金數目，除了方便確認金額外，若是要存下較大筆的資金時，透過進度視覺化的方式也比較能夠鼓舞自己，增加繼續存錢的動力。

富朋友語錄

理財是種計畫不是危機處理，
要在錢進來之前就先管理它。

善用零存整付
強化你的理財效率

　　在個人財務管理中我很重視簡單，因為這樣才有機會形成系統，讓我可以聚焦在更重要的理財項目上。而通常會讓個人理財變複雜的項目，都不是大額的支出或是投資，而是小錢小帳單小支出等，比如像每月的手機費、水電費或是保險費，不然就是總給人感覺「來得很突然」的所得稅。當然來得突然不是因為它不需要支出，而是這些費用都是隔一段時間才要繳費，平時忙於工作而沒有事先規劃。之前提過可以的話，應該要把一些能夠自動繳款的項目辦理自動轉帳，使繳款變成自動化系統。而年度或半年才支出一次的項目，就可利用零存整付這個小工具來幫助我們，讓自己不用費心去準備這些錢，將更多的心力放在財務自由目標上。

　　大部分銀行都會提供零存整付的存款方式，與一般所知的定存不一樣，零存整付是你跟銀行約定每個月固定存一筆錢到指定帳戶，然後每個月新存入本金還有累積利息會加總到下個月計算複利，最後到期時再一次把本金與利息領出來。

　　這方法可以幫助強迫儲蓄，適合初期沒有理財基礎的人，每月固定存錢到帳戶裡。不過我們現在並不是看重零存整付給的利息，而是這方法帶來的金錢管理便利性，多賺利息錢只是額外的好處。

零存整付的最佳使用時機

　　如果一筆錢在未來有明確的支出日期，而且是屬於固定支出、必要支出的款項時，就可以運用零存整付來備存，比如以下這些：

所得稅
年繳保險費
土地房屋稅
年繳的房租費用
小孩每學期的學費

　　以所得稅來說，既然多數的工作所得都要繳稅，與其繳稅時一次性的大筆支出，不如每個月預存一些錢擺在帳戶裡待繳，這樣每月的收支現金流也會變得比較穩定，不會每次繳稅時當月支出就突然暴增。以一個上班族年繳 16,900 元的稅金來說，用 12 個月分攤下來，一個月平均約為 1,410 元左右。

　　接著只要在繳所得稅前 12 個月先用零存整付規劃，每個月固定存 1,500 元，以 1 年期定存利率 1.3% 來算的話，到了繳稅時就可領回 18,127 元去繳稅。

▼零存整付每期帳戶累積價值（12 期、1.3%）

期數	每月存款	每期帳戶 累積價值
1	1,500	1,502
2	1,500	3,005
3	1,500	4,510
4	1,500	6,016
5	1,500	7,524
6	1,500	9,034
7	1,500	10,546
8	1,500	12,059
9	1,500	13,573
10	1,500	15,090
11	1,500	16,608
12	1,500	18,127
賺得利息		127

　　從上表來看，如果改用零存整付準備稅金，最後拿回的錢還多賺 127 元利息，這些錢雖然不多，好歹也能去換杯星巴克咖啡。不過重點仍然是讓自己不用去煩惱準備所得稅，也不會在繳所得稅當月有入不敷出的情況。

　　同樣的觀念，只要是在未來某個明確日期有計畫要支出的款項，都可以善用零存整付的方法。當然如果以投資要賺錢的角度，是不建議只把錢放在銀行生利息當作投資，而應該做更多元的資產配置，只是因為這些要繳的錢是屬於必要支出，拿去做投資就要承擔損失風險，所以平時應該將這些錢先從收入中撥出來備存，剩下的錢再專心拿去投資理財。

階梯式存錢法 善用10塊錢每年多存1萬

　　某次我在逛國外理財網站時，看到有人分享一種存錢方法，用很簡單的 1 星期 1 塊美元的概念讓自己多存錢。一開始看到這張表我沒有太多感想，因為我有自己的存錢計畫，想說照著自己規劃走就好。然而一個星期後我看到愈來愈多人分享這種存錢方法，接著又過二星期、一個月，這方法仍不斷被討論著。這時當然引起我的好奇心，一張那麼簡單的表到底能夠給人什麼幫助？就在我認真思考後，我看到這張表的價值，雖然很簡單但真的有用！

　　所以是什麼樣的存錢方法呢？方法很簡單，就是每星期採階梯式遞增的方式，強迫自己每個星期多存下 10 塊錢，52 週後就可以存到 13,780 元。（原國外版本是每個星期存 1 美元，換成國內我覺得 10 元剛剛好。）

▼階梯式存錢法 52 週挑戰表

週期	存入	帳戶累計	週期	存入	帳戶累計
第 1 週	10 元	10 元	第 27 週	270 元	3,780 元
第 2 週	20 元	30 元	第 28 週	280 元	4,060 元
第 3 週	30 元	60 元	第 29 週	290 元	4,350 元
第 4 週	40 元	100 元	第 30 週	300 元	4,650 元
第 5 週	50 元	150 元	第 31 週	310 元	4,960 元
第 6 週	60 元	210 元	第 32 週	320 元	5,280 元
第 7 週	70 元	280 元	第 33 週	330 元	5,610 元
第 8 週	80 元	360 元	第 34 週	340 元	5,950 元
第 9 週	90 元	450 元	第 35 週	350 元	6,300 元
第 10 週	100 元	550 元	第 36 週	360 元	6,660 元
第 11 週	110 元	660 元	第 37 週	370 元	7,030 元
第 12 週	120 元	780 元	第 38 週	380 元	7,410 元
第 13 週	130 元	910 元	第 39 週	390 元	7,800 元
第 14 週	140 元	1,050 元	第 40 週	400 元	8,200 元
第 15 週	150 元	1,200 元	第 41 週	410 元	8,610 元
第 16 週	160 元	1,360 元	第 42 週	420 元	9,030 元
第 17 週	170 元	1,530 元	第 43 週	430 元	9,460 元
第 18 週	180 元	1,710 元	第 44 週	440 元	9,900 元
第 19 週	190 元	1,900 元	第 45 週	450 元	10,350 元
第 20 週	200 元	2,100 元	第 46 週	460 元	10,810 元
第 21 週	210 元	2,310 元	第 47 週	470 元	11,280 元
第 22 週	220 元	2,530 元	第 48 週	480 元	11,760 元
第 23 週	230 元	2,760 元	第 49 週	490 元	12,250 元
第 24 週	240 元	3,000 元	第 50 週	500 元	12,750 元
第 25 週	250 元	3,250 元	第 51 週	510 元	13,260 元
第 26 週	260 元	3,510 元	第 52 週	520 元	**13,780 元**

　　這張表乍看下沒什麼，不就是存錢而已？不過我總是認為有目標、有系統的理財方式，才能增加自己變更有錢的速度，而這張看似簡單的 52 週存錢挑戰表就很符合這需求。來看看它的好處：

優點 1 幫你設下儲蓄的習慣

　　我在之前的功能帳戶理財法文章中有提到，為了加快財務自由的速度，最好是在家裡準備存錢筒每天都做存錢的動作，讓身體與大腦習慣儲蓄的行為。現在結合這方法就可以做到更有系統的存錢，每次存錢就不再是丟幾個零錢進去而已，而是照著有步驟的階梯計畫來提醒自己儲蓄。

優點 2 把存錢目標由大化小

　　看看這張表最後一週存下多少錢？總共是 13,780 元，這個是我們 52 週後想要存下錢的目標。不過 52 週離現在還太遠，人對長遠的目標總是比較容易淡定看待，而太淡定正是多數人完成不了年度目標的原因，所以要將年度大目標化成每週進度，給自己更明確的小目標去完成。

優點 3 茁壯你的理財成就感

　　理財是需要走一輩子的事，在儲蓄途中每達成一個階段目標，適時給自己成就感尤其重要。不過成就感可不是做些簡單的事自我催眠就能擁有，想想職業運動選手為何身家上億卻還是那麼在乎總冠軍？就是因為目標有一定的難度，太簡單就沒有感覺。而我們從表中可以預期到要完成是有難度，隨著時間愈靠近最後一週，你所

需要存入的錢就也會愈多，一般大概在 20 到 30 週之間就會遇到撞牆期，如果能夠完成它一定會有成就感。

每年多存 13,780 元能做什麼？

巧的是，這 52 週存下的 13,780 元，剛好跟許多理財入門書所舉的存錢目標接近：每年投資 14,000 元的本金，在年報酬率 20% 的複利成長下，40 年後你的存款將超過一億元！

笑了吧，一億元耶，這裡面當然有過於理論的假設，光是年報酬 20% 就讓一堆人做不到，更何況是連續 40 年。不過這道理還是提醒我們一個基本觀念：平時要累積小錢，經過複利才能變大錢。所以你只要把這每年多存下來的 13,780 元，透過定期投資的方式把它轉進幾檔穩定的績優股票，時間一久獲利也會很可觀。比如我們把投資 40 年的複利報酬率變成 10% 來看的話，最後能存到約 670 萬元，這些錢出國玩個好幾趟應該不是問題。

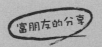
富朋友的分享

量身訂做 52 週存錢挑戰表

上網下載 Excel 表設計自己的 52 週存錢挑戰表。你可以依需求設定每週要遞增多存的金額，設定好後把這張表列印出來貼在存錢筒旁邊，每完成一週的進度就填上日期做確認，52 週之後就可以很有成就感的大聲說：「我完成挑戰了！」

下載網址：http://blog.17rich.com/bktool/52w/

訂做個人專屬的現金流分配地圖

閱讀本書後，你對收入分配的概念應該清楚不少，不過實際動手走過一定會加深印象，現在就跟著這道練習題，一起來完成專屬你的現金流分配地圖。完成後記得將它貼在家中顯眼地方，時時提醒自己要做好現金流分配！下圖是完成的地圖範例：

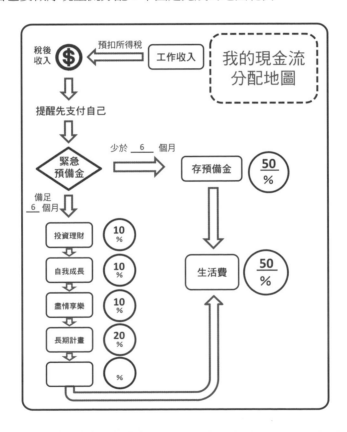

步驟 1　印

下載紙本地圖並列印出來，或填寫在下一頁空白地圖上。

下載網址：http://blog.17rich.com/bktool/icf/

步驟 2　填

填上緊急預備金要備足的月份，以及假使不足時每個月要撥多少比例去補足，剩下的才用做生活費。

步驟 3　分配

若緊急預備金充足時，每個月按照功能帳戶理財法，依重要順序規劃各功能帳戶的存錢比例，剩下的才用做生活費。

步驟 4　貼

將地圖貼在家中顯眼處，隨時提醒自己。

使用現金流分配地圖注意事項

1. 分配薪資收入前，切記先預留所得稅，所有分配的錢都應該以稅後收入為主。

2. 一有收入就提醒自己：把錢先支付給自己最重要。

3. 先存足緊急預備金才開始做功能帳戶的現金流分配。

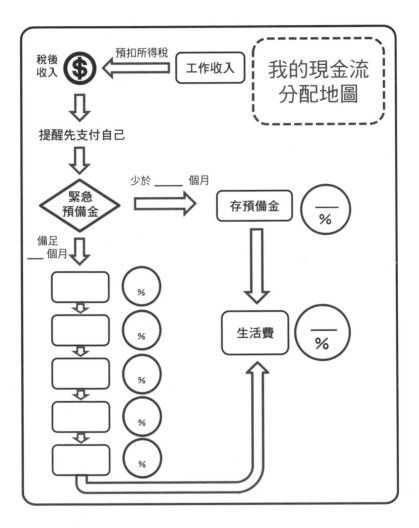

4

提早 20 年享受人生的
穩健投資術

投資能讓財富成長，道理看似簡單，

但你所抱持的心態卻是影響成果的關鍵。

在最後一章中，我將分享我的穩健投資策略，

學起來你也能建構工作以外的收入來源，

讓自己在下班後賺到更多的錢。

賺錢型態有3種 你的是哪一種？

　　當我們開始累積存款，接下來就是要學習把這些存款發揮更大的效益，而投資可說是最讓人接受的方法。本章我就要教你如何簡單舒服的投資，讓你提早享受人生。不過在開始學習之前，我要先說明幾個重要的投資心態，這些心態足以決定你日後的投資成果。

　　有一次我到百貨公司看電影，一般的電影院都位在高樓層，所以會選擇手扶梯或是電梯直達。搭電梯一下就到電影院，不過手扶梯的好處是可以看看各樓層在賣什麼。那天當我正在思考要如何上樓時，突然想到這不就跟我們的賺錢方式很相似嗎？這些方式就是走樓梯、搭手扶梯，還有搭電梯。

賺錢型態 1
走樓梯

　　如果用走樓梯來表達賺錢方式，一般會認為就是指上班領薪水。然而並非如此，我認為上班比走樓梯還要累，但也比走樓梯還穩定一些，這點我後面會再提到。走樓梯的賺錢方式指的是創業當老闆，你必須一步一步地走，只要方向對了收入就會隨著階梯往上

增加，成果將不斷地被累積，你的努力也就不會白費。不過可別以為走樓梯就一定是往上喔，如果創業方向錯誤，那就是往低樓層走，最後還可能走到地下室搞到破產負債。

走樓梯的型態還有個特色：很累。就跟人爬樓梯腳會累、會痠一樣，創業的過程也是走一步就累一步，不過你走的每一步都是創業實力與財富能力的累積，而且最後成功時你會感受到莫大的成就感。這感覺就像從一樓要到頂樓看風景，用走的當然會很累，不過一旦爬到頂樓心情也會非常爽快，看風景的感受也跟搭電梯抵達不同，心中會有股衝動大喊：「叫我第一名！」

另外，走樓梯有人走的快，有人走的慢；有人爬很高，有人到一定樓層就不想再爬。創業也一樣，有人經營事業飛的高又快，有人則是一小步一小步的穩定前進；有人經營一個小吃店就很滿足，有人等到時機成熟就開始策劃連鎖加盟。這些都跟設定的目標及企圖心有關，想要讓事業版圖變大就需要投入更多的時間、心力，或尋找更高的效率。而且樓梯要爬得更快更高跟體力有關，就跟創業能不能成功和經驗也有相關，好在不論是體力或是經驗都可以經由不斷練習而成長。

賺錢型態 **2**
搭手扶梯

　　搭手扶梯的感覺是什麼？踏上踏板後，動都不用動人就往上了。第二種賺錢型態就是這樣，幾乎不用做事也會有收入，也就是大家熟知的被動收入或是不在職收入。這方式我想不用多做說明，簡單來講有被動收入時不需要做太多事也會有收入進來。但「不需要做太多事」代表你還是要做些事，有些人在解釋被動收入時會說：「不用做事也可以有收入。」這句話若讓我聽到，一定會跳出來抗議，因為被動收入不是完全不用做事，只是花的時間較少，但相對收入可以較多。而且被動收入是在開始有收入時才不用做太多事，在產生收入前還是要投入不少時間、人力、心血，而且建構期間也很辛苦，但只要建立起來就輕鬆很多。

　　另一個手扶梯的賺錢型態，也是多數人熟悉的賺錢方式：上班。也許你會想，搭手扶梯不是很輕鬆嗎？上班哪裡輕鬆了？上班是真的不輕鬆，因為我說的上班賺錢方式雖然是搭手扶梯，但不是指正常方式搭手扶梯，而是搭上反方向的手扶梯。

　　上班就是這種感覺，你必須不斷努力才能往上爬，而且你的努力不見得跟薪水成正比。今年幫公司多賺 100 萬，但明年薪水並不會多 100 萬，連打 1 折加薪 10 萬都別想，這就好像站在反方向的手扶梯要往上走一樣，花了比平常更多的力氣也只會前進一點點，更難過的是薪水還常常原地踏步。

　　況且上班你還不能隨便停下來，一停下來收入就會往下降或是被扣薪，如果是離職那更是收入瞬間歸零，這就好像站在手扶梯上不動，卻一直被往反方向載下去。另外，上班族還有一個苦說不出來，就是沒加薪等於變相的減薪，因為實質收入不漲就會被通貨膨脹給吃掉。所以為了生活與家庭你一定要不斷地往前走，直到存夠了本才可以退休，或是看清楚決定不繼續玩替別人賺錢的遊戲，只是對大部分上班族來說那天不知什麼時候才會來。

　　不過在此我要申明，我不是要大家別上班，上班的好處其實很多，例如：可以有立即性的收入、較穩定的收入來源、比創業還穩定的生活作息等，但我覺得上班族一定要懂得利用下班時間學習建構被動收入，即使從每個月只賺 100、200 元開始也好，累積經驗時間久了，被動收入會漸漸增加，有一天就可以「逆轉」你的手扶梯方向，變成站著不動也能增加收入的賺錢型態。

赚錢型態 **3**

搭電梯

搭電梯是三種型態中最快最舒服，有時搭到透明電梯還可以欣賞風景，聽起來那麼輕鬆的賺錢型態是什麼？正是投資。

你可以投資一家公司當創投，也可以投資股票、房地產，只要選對投資標的，收入就會像電梯一樣直直而上，但上升速度的快慢就要看投資眼光。相反的，如果選錯了投資標的，那就是直接下墜，本金虧損。若投資到詐騙公司、地雷股、兇宅或海砂屋，那就跟電梯纜線斷掉一樣，後果不堪設想……。

如果想要事後輕鬆，事前辛苦是必然的。就跟建構被動收入一樣，投資前也是要花很長的時間研究，在投入資金前做功課跟詳細評估，或是多學習相關領域知識，加強自己的投資眼光，一旦投資到優質標的時，才是跟搭電梯一樣輕鬆，讓錢一直幫你工作。

當然，搭電梯也跟搭手扶梯一樣，如果方向對了都是可以讓你不需花太多的力氣就能夠賺到收入，而這就是接下來我要談的內容，讓投資也變成是種被動收入。

投資股票 能不能是種被動收入？

提到被動收入，最常聯想到就是當房東收房租。此外，出書、開創新事業、加盟連鎖事業等也都有機會賺取被動收入。而股票投資在一般情況下較少被想到跟被動收入有關，大家普遍認知股票就是要「低買高賣」賺價差，保守一點的人更認為股票是種投機行為。所以今天我們要用兩個問題來思考，看看股票投資到底能不能是種被動收入。先把答案告訴你：當然可能！因為我就是這樣賺的。

是否為被動收入？ 2個問題就知道

如果投資股票是為了賺股票上漲的資本利得，那當然就不屬於被動收入，想賺價差就跟買房子只打算轉手不收租金一樣，都不屬於被動收入。**有機會在股票上賺取被動收入的方法是買進股票等著公司配發股息，同時享受公司的獲利成長。**

不過，單就每年領配股配息也不代表就是被動收入，還要看你投資的策略符不符合財務自由的條件，或是多快可以讓你財務自由，這就需要考慮一些較複雜的公司基本面分析、財報分析與股票

價值計算，這點留在後續說明（放心，我保證會用簡單明瞭的方式讓你看懂）。這裡我們就只用兩個問題先初步判斷，領股息是不是可以當成被動收入的一種。這兩個問題是：

該公司有沒有持續的配息能力？
該公司有沒有機會能讓你回本？

第一個問題關係到穩定的配息能力，如果配息不穩定那麼也就無法靠股息養活自己，對吧？比如某家公司去年一張股票配息 15,000 元，今年變成不配息，後年再變成配 20,000 元，這樣的上下落差就無法接受，因為想要財務自由總不能這個月吃牛排，下個月改成吃泡麵。

第二個問題跟損益有關，如果投資沒有回本等於是虧損，所以追求回本仍然要視為目標。而判斷領股息能夠領到回本的必要條件就是：公司要存活得夠久。從另一個角度來說，就是公司下市或倒閉的機率高嗎？這是非常實際的考量，你必須確認在你賺回本金前公司還存活在市場上。如果可以，最好是這家公司都不會倒掉，讓你一輩子坐領股息。

如果在股市要找出符合這些條件，有持續的配息，公司倒閉機率相對較低，又有機會讓你回本的，市場上較熟悉的幾間公司大概都會在名單上，例如：台塑、中鋼、統一、中華電信等等，我常跟朋友說這些都是拿出來討論時，會無聊到讓人想睡覺的公司，不過投資這些公司也確實可以安心睡覺，我想哪天郵局上市的話，也會適合放進名單裡。也因此，我就以這些公司作分析對象，來證明領

股息當被動收入的可能，為了平衡一下風險與獲利性，我把電子股裡大家耳熟能詳的台積電也一起加進來分析。

　　既然是要領股息就要檢視這些公司配息的能力，為了判斷長時間發得出股息，所以**至少**過去五年的配息紀錄都要找出來檢視。下表就整理這五家公司過去十年配息紀錄：

▼台塑、中鋼、統一、中華電信、台積電歷年配息紀錄

台塑（1301）之股利政策　　　　　　　　　　　　（單位：元）

盈餘年度	2003	2004	2005	2006	2007	2008	2009	2010	2011	2012
現金股利	1.8	3.6	4.1	4.4	6.7	1.8	4	6.8	4	1.2
股票股利	0.6	0.9	0.3	0	0	0.7	0	0	0	0.4
合計	2.4	4.5	4.4	4.4	6.7	2.5	4	6.8	4	1.6

中鋼（2002）之股利政策

盈餘年度	2003	2004	2005	2006	2007	2008	2009	2010	2011	2012
現金股利	3	3.9	3.75	2.78	3.5	1.3	1.01	1.99	1.01	0.4
股票股利	0.35	0.5	0.35	0.3	0.3	0.43	0.33	0.5	0.15	0.1
合計	3.35	4.4	4.1	3.08	3.8	1.73	1.34	2.49	1.16	0.5

統一（1216）之股利政策

盈餘年度	2003	2004	2005	2006	2007	2008	2009	2010	2011	2012
現金股利	0.6	0.36	0.65	0.6	2	0.44	0.8	1.4	1	1.4
股票股利	0	0	0	0.6	0.5	0.44	1	0.6	0.7	0.6
合計	0.6	0.36	0.65	1.2	2.5	0.88	1.8	2	1.7	2

中華電信（**2412**）之股利政策

盈餘年度	2003	2004	2005	2006	2007	2008	2009	2010	2011	2012
現金股利	4.5	4.7	4.3	3.58	4.26	3.83	4.06	5.52	5.46	5.35
股票股利	0	0	0.2	1	2.1	1	0	0	0	0
合計	4.5	4.7	4.5	4.58	6.36	4.83	4.06	5.52	5.46	5.35

台積電（**2330**）之股利政策

盈餘年度	2003	2004	2005	2006	2007	2008	2009	2010	2011	2012
現金股利	0.6	2	2.5	3	3.03	3	3	3	3	3
股票股利	1.41	0.5	0.3	0.05	0.05	0.05	0	0	0	0
合計	2.01	2.5	2.8	3.05	3.08	3.05	3	3	3	3

資料來源：各公司網站

問題 1

有沒有持續的配息能力？

　　從上表來看這五家公司這十年都有配息，可推測這些年都有賺錢才配得出股利，而且是年年都配得出現金。將其畫成圖會看得更清楚，下圖是這五家公司配現金與配股票的綜合圖；直條圖是現金股利，折線圖是現金股利與股票股利加總。

▼台塑、中鋼、統一、中華電信、台積電歷年配息走勢

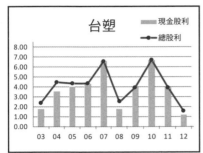

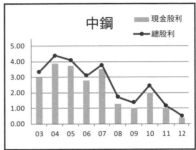

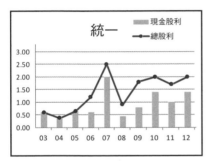

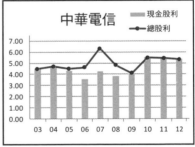

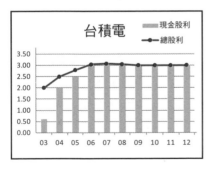

從圖中可知這五家公司的股利變化，其中唯有台塑及中鋼的產業循環趨勢比較明顯（近年配息明顯下降），總體來說，這五家公司的股利都持續地配發出來。值得觀察的是，在 2008 年五家公司中有四家都受到金融海嘯威脅，只有台積電穩定配出 3 元股利，金融海嘯時全球電子產業皆受到衝擊，台積電這樣的股利策略在電子產業中算難得，像這樣的公司通常不是財報作弊，不然就是公司透過管理做好風險控管，我想以台積電目前來說是屬於後者管理好的公司。

問題 2

有沒有機會能領股利領到回本？

以這五家公司的產業規模來看都有 15 年以上的歷史，股票上市時間也有 10 年之久，最近這十年間經歷兩次以上的金融危機仍能存活下來，可見像這樣的公司只要持有股票夠久，回本的機率應該都相對高。

至於更深一層的問題：要領多久股息才能回本呢？這就關係到每個人買進這家公司的股票成本，如果你是在 2002 年及 2008 這兩次的金融危機前後買入的人，現在一定是笑笑地領股息，而且當成被動收入一點都不為過，搞不好這十年都賺回一兩倍的本金了。如果是運氣不好在股市高點時買入，就需要多點耐心，比如在 2007 年底 40 ～ 50 元那段時間買入中鋼的人，就要等久一點才會回本。

在電影《讓子彈飛》裡有一幕，主角張麻子拿起槍朝目標射去，經過好一陣子不見子彈擊中目標，旁人問子彈怎麼沒打中呢？張麻子回答：「讓子彈飛一會兒！」意指開槍後要有耐心等子彈飛過去，才有打中目標的一天。雖然劇中一顆子彈飛那麼久不符合現實，卻也點出耐心是把事情推向成功的關鍵。同樣道理，股票投資也需要耐心才看得到成果。只要操作策略正確加上有耐心，成為一種投資型被動收入其實並不如想像中困難，這也是我在後面教你穩健投資法的目的，只要掌握幾個投資要點，藉由長期複利讓投資部位成長，就可以打造出適合自己的投資被動收入組合。

不過說到投資複利，其實有不少人都誤用它了，在下一篇我們就來談談實現複利真正的關鍵。

富朋友語錄

理財最快樂的事，就是自己在努力工作時，
錢也正在幫你工作。

2 個關鍵
搞清楚前別說你懂複利

　　我敢說，只要是有在關心理財的人，一定聽過一次以上複利的觀念，還有複利在投資理財的重要性，幾乎每本理財書或是電視節目談投資時，都會提到要用複利達到理財目標。不過，即使如此，我發現很多人對複利的觀念依舊只停留在數學計算上，而不清楚複利真正重點，這也導致多數人雖然知道複利重要，也嘗試實踐複利投資，到頭來卻沒有享受到複利真正的好處。

　　為了解釋清楚複利的重要關鍵，我先說明複利的定義，若你原本就知道複利的意思，請聽聽我對複利不一樣的解釋。要了解複利，我們得先從單利開始說起，因為複利就是從單利變化而來。

單利：本金生利息，利息不再生息

　　我喜歡用簡單的方式解釋數學計算，所以在進入數學表示單利前，先用「吃蘋果」的概念來比喻。

　　想像你家後院種了一棵蘋果樹，每年都會結出很多顆蘋果，長成果實後就可以採收來吃，吃完了就等下次再結果。這樣的概念就跟單利很像，我們拿著一筆錢存入銀行，這筆錢就是本金（蘋果

樹），隔一陣子銀行付利息（結出的蘋果），然後我們把利息領出
來花掉（把蘋果吃掉），之後就等下一次銀行再計算利息給我們。

例如你把本金 10 萬元存到銀行，在年利率 3% 條件不變下，
過了一年銀行就會給你 3,000 元，第二年後再給你 3,000 元，第三
年後一樣給你 3,000 元，直到你把本金 10 萬元提領出來。若你是
在領到第五年利息後就把本金領回，這五年你拿到的錢就是：

= 3,000 ＋ 3,000 ＋ 3,000 ＋ 3,000 ＋ 3,000 ＋ 100,000
= 115,000

扣除原本的 10 萬元本金，你賺到的利息是 15,000 元，等於是
單一年度利息 3,000 元的 5 倍：

= 3,000 × 5
= 15,000

由此可知，單利只會計算原始本金的報酬，每年生的利息並
不會再生息。所以下次有人跟你說，只要投資 10 萬元，五年後會
連本帶利給你 12 萬元，每年的投資報酬率是 4%，你就知道對方
講的報酬率是指單利投資報酬率。（10 萬元每年 4% 利息是 4,000
元，5 年就是 2 萬元。）

現實生活中何時會考慮單利計算？退休後靠著存款利息過生活
就是，因為退休本金每年生出來的利息都要領出來當生活費，只留
下本金生息，這種情況就是單利。另外一種就是借貸關係，比如
有人跟你借 10 萬元，每年答應支付利息 3,000 元，直到歸還 10 萬

元,這也是用單利在計算。

複利:本金生利息,利息又再生息

如果不把利息領出來,每次都當作新的本金繼續存在銀行呢?以吃蘋果概念來看,就好比吃完蘋果把種子留下,埋到土裡種出新的蘋果樹,之後新樹長大每次採收就有更多的蘋果。這種把利息加到本金裡持續算利息的模式,就是複利。一般我們常聽到的錢滾錢也就是指複利。

例如你把本金 10 萬元存到銀行,在年利率 3% 條件不變下,第一年銀行支付你 3,000 元的利息,若沒有提領出來,隔年銀行就會以 103,000 元去計算第二年的利息得到 3,090 元:

第一年利息　100,000 × 3% = 3,000
第二年利息　103,000 × 3% = 3,090

如果把複利每年生出的利息拿來跟單利對照,因為每年都會把利息當新本金再投入,複利最終拿到的總利息自然會比單利還多。以同樣初始本金 10 萬元、3% 年利率來看,五年下來複利的加總利息會比單利還多 928 元:

▼單利與複利的利息差別（本金十萬元，3% 年利率）

年度	單利利息	複利利息
1	3,000	3,000
2	3,000	3,090
3	3,000	3,183
4	3,000	3,278
5	3,000	3,377
總共	15,000	**15,928**

現實生活中何時會考慮複利計算？如果你有定存的習慣，有些銀行會提供選項，自動將你到期的定存單連本帶利再續定存，這就是複利計算。另外，保險若有保單價值準備金，保險公司也會依照該保單計算的利率將價值準備金做複利增值。

複利的兩個關鍵，缺一不可

搞清楚複利的「計算」後，接下來我要解釋較少人認知到的複利兩大關鍵。從上面複利的計算方式可推知，初始本金與報酬率會影響複利最後可領回的錢，尤其以報酬率最為重要，因為報酬率的大小會直接影響每年新增的利息，也就是再投入的本金多寡，既然是錢滾錢，滾大或滾小當然有差。比如同樣投資本金 10 萬元，投資在年報酬率 20% 與 5% 兩個不同投資案，經過 30 年的複利增值，兩者的差異可達 2,330 萬元。

▼ 30 年複利成長的結果比較（本金 10 萬元，複利 5% 與 20%）

單位：萬元

年度	5% 複利報酬 (A)	20% 複利報酬 (B)	B－A
1	10.5	12.0	1.5
5	12.8	24.9	12.1
10	16.3	61.9	45.6
15	20.8	154.1	133.3
20	26.5	383.4	356.9
25	33.9	954.0	920.1
30	43.2	2,373.8	2,330.6

　　以結果來看，當然是選 20% 的報酬率賺得比較爽快。所以外面很多投資機會就會用高報酬率去計算複利來吸引人，讓人覺得只要短短幾年財富就可以快速翻倍，很多人卻也因此掉入數字陷阱裡。要知道，這些不過是流於數學上的計算，我們應該要實際地思考：現實的投資機會中，要找到 20% 的報酬率比較簡單，還是 5% 的報酬率比較簡單？當然是 5% 的報酬率，更別說要持續 30 年以上的時間。

　　這就是複利的兩大關鍵：長期以及穩定。如果失去其中一個，複利在數學上的計算就再也不成立，投資結果當然也就不會翻倍。

　　好比上述 20% 報酬率投資案，實際上是個不穩定的投資案，今年賺 20%，明年虧損 10%（以高風險高報酬來看待），依此重複下去到了第三十年，會發現總領回的錢還比每年穩定 5% 報酬率的投資案少約 11 萬，穩定在複利的重要性由此可見。

▼報酬率的穩定差異，30 年後大不同

單位：萬元

年度	穩定 5% 複利報酬 (A)	不穩定報酬 (B)	B – A
1	10.5	12.0	1.5
5	12.8	14.0	1.2
10	16.3	14.7	-1.6
15	20.8	20.5	-0.3
20	26.5	21.6	-4.9
25	33.9	30.2	-3.7
30	43.2	31.7	-11.5

　　另外，複利的特性在於所產生的本利和愈到後期愈大，所以如果投入的時間不夠長，就無法賺到財富真正成長的那一段；不論你是中途需要用錢抽出本金，或是因為大幅虧損，拿回的錢都會明顯比原計畫還少上許多。

　　相對來說，因為愈到後面再投入的本金與利息愈多，心理重視程度就會升高（投資 1 萬元跟 100 萬元的感覺一定不同），或者說對於虧損的恐懼感會跟著提升，這時報酬的穩定性就愈重要。由此可知，長期與穩定這兩個條件是相呼應，所以我才說缺一不可。

　　從今天開始，當你聽到、看到、想到複利這兩個字時，一定要同時檢視有沒有符合長期與穩定這兩個關鍵條件。缺少任何一個，複利的威力就會消失，變成一場只存在紙上的富貴夢而已。也因此，穩健投資的優先條件，就是要先賺到穩定又長期的報酬，也是我在下一篇要跟你提的重要投資觀念。

投資就像打高爾夫球 先把球穩穩打進洞裡

　　我想很多人都曾經被這些標題吸引：「三年賺到 1000 萬」、「一個月賺取 10 倍報酬」、「某某某 10 萬到上億的故事」，每次看到這類的題材都會讓我想一探究竟。老實說這些故事確實吸引人，我也不會預設立場認為這些故事全是虛構，只是現實面來說這終究只是主角的故事而不是自己的，更殘酷的是有些人認真以為自己也能複製他們的方式快速致富，最後落得一場空。

　　在投資路上，很多人都想要追求高報酬的投資技巧，希望自己有一天也可以靠著投資而提早退休。**但在追求高報酬的路上卻忽略了另一個重要的投資觀念──你必須先擁有穩定的報酬才行。**這是我在學習投資初期沒能注意到的事，直到幾次吃虧後才真正明瞭。因此，對於現在的我來說，擁有穩定的報酬比追求高報酬還優先。

　　回首自己的投資路，也曾經出現過很多次的高報酬投資紀錄，有時一買進股票就抓到起漲點，過沒幾個月就賺了一倍出場，事後回顧那些紀錄時總會讓自己的心飄飄然，走路時下巴都會不小心抬高了些。不過真正讓我持續獲利且獲得可觀報酬的投資，還是那些當初用穩健的投資原則所買進的股票，有些在剛開始也許只是個位數的報酬率，但長久下來年化報酬率都達到了雙位數，長期總獲利

明顯比短期單筆買進再賣出好很多，而且我也很有信心未來這些投資會繼續這樣好下去。

然而，追求高報酬率仍是一件吸引人的事，總不能把資金都拿去放在相對穩定但報酬低的定存上吧？而且看著自己的投資資金加速成長帶給人的快樂有時是無法言喻，高報酬也讓平凡的生活裡擁有美好未來的想像空間。不過在此我要強調，在投資裡一味地追求高報酬，就好像一個年收入百萬的上班族，只因為夢想住進帝寶豪宅，寧願每天露宿街頭而不去租房子或買房子來住一樣。追求更高的報酬當然可以期待，只是順序上我們一定要先分清楚。

先穩後準是投資的要領

我誠心建議在投資上一定要遵守這個順序：**先求穩，再求準。先達到穩定的獲利，再追求高投資報酬**。

就好比打一場高爾夫球賽，選手們在場上的目標是用低於標準桿把球打進洞，看著高手穩定地揮桿、推桿把球打進洞就是種享受，偶爾出現有選手一桿進洞時，現場總是引起極大掌聲，轉播媒體也馬上聚焦在那一洞的球道，賽後更是電視精彩重播的保證。然而，一桿進洞總是令人陶醉又激賞，但最後的勝利者依舊是那些用最少桿數，一桿又一桿按照計畫把球推進 18 個洞裡的人。迷人的高報酬投資就好比一桿進洞，不過真的要在投資路上走得長又久成為最後贏家，穩定獲利是必備的條件。

　　總而言之，當你聚焦的點不同，結果就會不同。重點放在追求穩定報酬時，你的投資策略跟心態就會自然跟著調整，等到能夠賺到穩定的報酬後再來想辦法提高報酬率，這道理就像蓋房子要先把基底打好，往上再蓋高樓自然也就更穩固。

富朋友語錄

投資的世界是，不要去猜它會發生什麼，
而是在發生後該怎麼做。

投資要遵守的 3 原則

　　有些事情是人一輩子多少都會做過，從事投資行為就是其中一種。理由很簡單：誰不想把手上的有限金錢透過投資來放大？換句話說，誰不想在合情合理的情況下擁有更多的財富？也難怪，許多人在急著想擁有更多財富的心態下，沒有思索太多該注意的原則就直接跳進去投資。

　　我對投資行為的定義是：當你把錢從口袋拿出來去做一件事，而且希望能透過這件事讓更多的錢回到你的口袋，就是在從事投資行為。常見的投資就是定存、外匯、股票、儲蓄型保單與房地產，其他如買賣黃金白銀、跟會、借貸收利息等，也都是投資行為。在你進行這些投資行為前，有三個原則要特別提醒你：

原則 1：要把投資當事業

原則 2：一開始就為最壞情況做打算

原則 3：絕不借錢投資

原則 1

要把投資當事業

　　試著想像一個問題，當一家工廠因為颱風而可能淹大水時，員工跟老闆誰比較高興？答案是員工，因為不用上班了，但老闆應該是緊張到胃抽筋。同一件事不同的人來看，心情跟際遇完全不同。原因很簡單，角度不同在乎的事自然就不同，員工在乎能不能有意外的假期，老闆在乎會不會損失金錢，工廠與事業體是老闆的，當然緊張！

　　同樣道理，當你在投資時，有沒有把這件事認真看成是自己的事業？相信我，如果你願意做這種心態的轉變，看待投資的角度會完全不同。你不會因為別人說某支股票值得投資就馬上把錢丟進股市，你會先分析，至少會上網查看該公司的資訊，才決定要不要投資；你也不會只聽保險業務單方面試算保單超棒後就直接購買，你會先索取資料自己詳細算過才決定；更不會在房仲帶你看房時，跟你說旁邊的空地要蓋百貨，前面的空地要蓋高鐵，就衝動付了頭期款把房子買下，你會去查證真實性才決定要不要買。

　　如果你把投資看成自己的事業，就會更精打細算地評估每一筆投資，投資報酬當然也更好。

原則 2
一開始就為最壞情況做打算

我在投資前都會先問自己一個問題：「這筆投資最壞的情況是什麼？」我並非要豪賭將錢全部梭哈才思考這個問題，而是我習慣先從最壞的情況開始思考，如果最壞的情況是自己可以承擔，才會再去想這筆投資合理的報酬與風險在哪裡？能賺多少錢？什麼情況下就應該把資金撤出來？

每筆投資的報酬跟風險是要經過計算後才知道值不值得投入，但重要的是絕不要承擔自己負荷不了的風險。「留得青山在，不怕沒柴燒。」投資不可能每次都賺錢，甚至先承擔一些虧損也是最後能獲利的原因，但前提也得要能撐到最後，如果在到達終點前就把錢燒光，甚至還要借錢擴大槓桿風險而背下龐大負債，連青山都不在了哪來的柴可以燒呢？

原則 3
絕不借錢投資

也許你曾聽過有人因為借錢買股票而獲利可觀，但你要知道有更多的人因為借錢買股票而破產。原因何在？因為借錢投資會讓你產生非獲利不可的壓力。

壓力在日常生活中會讓人焦慮，會讓人脾氣不好，會讓人看不

清事實，會讓人衝動，這些情緒都是投資股票的大忌。股票買賣是一個需要下決策的投資行為，而且有時會在短時間內就要立即做出買或賣的判斷，所以事前的規劃策略很重要，如果投資股票時能照事前規劃操作，賺錢的機率才會增加。一旦因為壓力而出現上述情緒時，「事前規劃」往往被拋到腦後最後變成「事後檢討」，而且就算檢討完下次還是會犯類似的錯，因為你沒有解決最重要的根本問題，也就是投資時的壓力情緒。

　　股票融資就是常見借錢投資一種。因為有融資，所以你有不能虧損的壓力，你有被追繳不然就斷頭的壓力，此時判斷股票情勢上就容易走入死角。因為運用融資就不可能看空股市，也等於限制了自己思考的方向。可是股市常會是今天看多，明天變成要看空，只允許自己看多常讓投資者輸到脫褲子。

　　當然有人會認為就是因為看漲才會融資，不是嗎？不過在股市裡有一個心理現象是：股票走勢會長得像你想要的方式來呈現。這句話意思是當一個人看多股市時，就會找各種理由來說服自己投資的股票會往上漲；看空時就會找一堆相反的理由來證明還不可以進場投資。

　　心理學中有個名詞叫「視網膜效應」，它的原意是當人有了某種體會時，自己就會強化對這件事的認知度，或是注意到別人身上也有相同特徵；最常見的就是當自己或老婆懷孕時，會特別注意到路上怎麼好多人也都懷孕，其實只是視網膜效應的影響。在投資股票裡我覺得也有類似的心理效應，當人判斷股市要往上漲，其實

是因為心中想要股市往上漲，所以只看見上漲的優勢，卻忽略往下跌的劣勢。而借錢投資帶來的壓力，就讓人容易產生先入為主的觀點，最後投資結果跟預期不同時，就會因非贏不可的壓力而做出錯誤的決策。所以為了能理性判斷投資情勢，千萬不可借錢投資。

　　掌握好穩健投資的觀念及這三個原則，下一篇就要告訴你如何透過股票工具，建立自己邁向財務自由的根基，完成自動化理財的最後一塊拼圖！

富朋友語錄

投資不是看你做對幾次，
而是看你做對多久。

投資 100 元
你也是公司股東

　　曾有位朋友問:「玩股票不好吧?風險那麼大!」我聽完就知道他對股票有誤解,因為投資股票,不是用「玩」的。當下我立即回問:「你覺得張忠謀是在『玩』台積電,還是在『經營』台積電?」(舉這例子是因為台積電知名度較高,方便討論。)

　　朋友回:「當然是經營,公司怎麼可以用玩的?」

　　我回:「那就對了,公司不能玩,股票也不該玩,而是要經營。至少你該用身為公司股東的心態來投資,而不是用玩的心態來買賣股票。」

持有股票就是股東

　　我常跟朋友開玩笑,當我持有一家公司股票時,我會定時去查看這家公司的新聞。如果看到公司有對外發布政策,就會感到生氣,因為身為股東的我竟然沒有第一時間被通知!當然這僅止於玩笑,身為外部小股東的我當然不需被通知,如果真的通知我也太耗費公司資源。但我也藉此傳達一個觀念給對方:當你投資一家公司股票,不論持有的股份是多少,即使是用 100 元購買零股(不足

1,000 股的股票），都要把自己視為經營公司的一份子，把自己當成公司的重要股東。

把自己視為重要股東的用意為何？因為這樣心態上才會用經營者的角度來投資股票。思考一種情況，如果今天你要入股朋友經營的餐廳，你是打算把錢丟進去後就不管，還是希望投資後能夠賺更多讓荷包滿滿？當然是後者。你會不會在乎餐廳的來客量？會不會在乎食物好不好吃？會不會在意服務生的態度？當然都會！而且你還會開始計較餐廳何時公休不做生意，是不是有持續賺錢，每季的財務狀況是不是正常，主事者用不用心經營。這些你都會在乎，因為你是真的重視這個合夥生意。

既然這樣，投資股票為何就不該如此？

當你在公開市場買進股票，對公司而言你是登記的股東，對自己而言就是入股一家公司，在股權關係上跟合夥餐廳並沒有什麼差別。而且一旦你認真的把自己當作公司股東，你會產生一種主事者才有的心態：在乎。你會在乎這家公司的財報，會在乎這家公司的經營方式，你的投資心態會從短期變成長期，如果你買的是一家好公司，賺錢機率也就因你的心態正確而提高。

另外，身為公司股東，你不再只關心每天股價漲跌（你會每天去問合夥餐廳的人今天餐廳的股價是多少嗎），也不會一天到晚受市場的假消息擺佈；你會更關心公司長遠的發展，公司在市場的競爭力，還有長期的獲利趨勢，將焦點擺在真正讓你投資獲利的地方。

　　所以，你是個只關注股價漲跌的市場過客？還是一個抱著經營者態度的公司股東？如果你想跟我一樣在股市做個長期勝利組成員，從現在開始請轉換你的投資心態，把自己當股東，認真看待自己投資的股票吧！

富朋友語錄

　　存錢不存利，賺錢只好靠勞力；
　　生財又生息，日後才能常休息。

4 個問題找出值得投資的好公司

　　在決定股票價值前，要先知道如何挑選值得投資的好公司。我們先從這個問題思考：「賺多少錢」與「賺不賺錢」哪個比較重要？肯定是賺不賺錢比較重要。因為賺錢是先決條件，之後才能考慮賺多少錢。如果不賺錢（虧損），那考慮賺多少根本沒用。這就是為何我們要先學習如何判斷好公司的原因：**好的買進價只能決定你賺多少錢，選到好公司才是賺不賺錢的關鍵**。判斷長期賺錢的公司與不賺錢的公司有多重要？從下面這兩個公司股價圖就很清楚（長期來說股價會間接反應公司獲利趨勢）。

▼賺錢公司的股價走勢

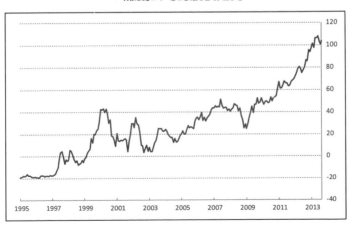

▼不賺錢公司的股價走勢

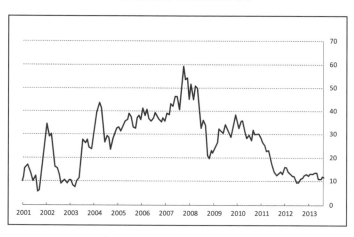

　　這兩家公司的大名先賣個關子，之後我會再回頭提他們，還有兩家股價變化差那麼大的原因。這邊要先介紹選擇好公司該思考的四個問題，以及延伸出的策略，長期以來我都是透過這些問題來初步過濾好公司名單，也是投資股票能讓我擁有穩定被動收入的關鍵。這四個問題分別是：

1. 公司名稱是否聽過？
2. 能否快速了解公司本業在做什麼？
3. 公司倒閉的可能性高不高？
4. 公司股價波動幅度大還是小？

公司名稱是否聽過 →這家公司你熟悉嗎？

投資裡有句名言：「不要把錢投資在不熟悉的地方。」這也就是我選好公司的第一步：你有多了解這家公司？有沒有聽過這家公司？

我們來做個小測驗，試回答下列公司有哪些是你聽過的：

中鋼、台塑、統一超、台積電、中華電信、敬鵬、胡連、鼎翰、恆義、佳格

大部分人對於前五家公司應該都不陌生，但後面五家公司就比較不熟悉。當然，這跟公司大小也有關，通常愈大的公司在媒體上曝光的機會愈大，也就增加大眾的熟悉度。但在這邊要強調的並不是公司名氣大小，而是該公司經營的本業你是否熟悉。比如中華電信的本業在做什麼？我想大部分的人都能回答出跟講電話、上網有關，屬於電信產業；而統一超呢？很快就可以跟便利商店聯想在一起，有再做一點功課的還會知道星巴克也是該集團代理進來。

所以一家公司你愈熟悉，代表對這家公司的掌握度愈足夠，也就愈有機會透過這家公司賺錢。此外通常一家公司知名度高且在市場受好評，即可能在該產業有一定的領導地位。

好公司選股策略 1	一家公司對你而言，愈能快速掌握它的本業愈好。

能否快速了解公司本業 →獲利來源簡單嗎？

選好公司的第二個重點：公司的獲利來源，對你而言是不是簡單易懂？以統一超為例，7-11 是目前全台連鎖便利商店龍頭，他們的獲利方式就是提供消費者各式便利食品、生活用品來賺錢，你也可以很輕易從來客量觀察一家店業績好或不好。反之，胡連（股票代號：6279）的車用電子業務就不是一般投資人會熟悉，這領域比較專業些。像我會對這家公司有所了解，是因為過往曾經在車用電子的領域裡工作過，所以才有機會比其他人還了解這家公司。

另外，也可以從市面上常見的商品來思考是哪家公司生產，比如前面提到的恆義（股票代號：4205），也許你對這家公司名字感到陌生，但說到該公司的明星產品——中華豆腐及中華豆花，幾乎就是家喻戶曉了，你對於公司的獲利來源也就較能掌握。（恆義食品在 2013 年 9 月 18 日正式更名為中華食品，股票名稱也變為中華食，如此一來也增加公司與旗下主力產品的相關性。）

> **好公司 選股策略 2**　公司的獲利來源愈簡單愈好。簡單易懂的獲利來源，同時又具市場領導地位，該公司的獲利穩定性也就相對愈高。

公司倒閉的可能性→ 存活率高不高？

看到這點你可能會有疑問：投資一家公司當然是想賺錢，考量倒閉的可能性做什麼？沒錯，我們當然不希望買進股票的公司倒掉，但從這個問題我們可以去思考兩種可能性來增加獲利機會：一、投資這家公司，最壞的情況是什麼？二、這家公司是否具有長期的市場競爭力？

投資一家公司的最壞情況就是公司下市或倒閉，自己手上的股票變廢紙，投資價值變零。所以這問題就是要我們思考，手上股票變成「廢紙」的可能性是高到嚇人，還是低到不可能。以台積電為例，想想看這家公司若因為營運不善而下市那是什麼恐怖情況？應該是恐怖到極點了吧！因為台積電目前是晶圓 IC 的世界級領導廠，若因經營不善倒閉或下市，代表全世界的景氣應該是差到不行，合理推論，那時其他家公司也不會好到哪裡去，搞不好還比台積電先下市。

從倒閉的角度還可以再延伸想，如果這家公司倒閉可能性低，那存活率是不是就比較長久？而公司存活得愈久，投資賺錢的時間就可以看愈長。

好公司 選股策略 3	好公司的倒閉機率應該要很低，除非整體市場發生大規模的衰退蕭條，就算如此，好公司應該也要能存活下去。

股價波動幅度→該產業的獲利穩定嗎？

　　長期來看，股價會反應公司獲利的情況，所以我們從歷史股價的長期波動情況，可以看出該公司及所屬產業獲利的穩定性。以中華電信為例，因為是國內電信業龍頭，而且早期電信業開放民營前，國內的電信線路、硬體設備幾乎都是由中華電信所架設，這個難以取代的優勢讓該公司到現在獲利都是穩定中向上。

　　如果從產業面來看，不論是以往家用電話，還是現代的智慧型手機及室內上網，都一直是生活基本需求，加上電信業是國家內需產業，沒有外來國際公司的競爭，所以身為此產業的龍頭獲利也就穩定。

▼中華電信股價除權後走勢穩定向上

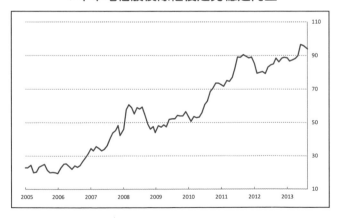

　　相較之下，生產手機的宏達電面對的情勢就不同，因為手機產

業需要跟其他世界級公司一起競爭（如蘋果電腦、三星），加上消費者喜歡追求最新的 3C 產品，所以在這領域要長期的穩定獲利難度很高，反應出來的股價也就容易大起大落。這點就算是近年靠著iPhone、iPad 獨領風騷的蘋果電腦也一樣，股價因市場對新產品的期待而上漲，過一陣子又因對手推出新手機侵蝕獲利而下跌。

▼宏達電股價除權後走勢起伏較大

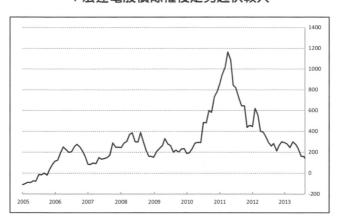

因手機產業競爭激烈，所以宏達電股票走勢起伏較大，前景好時股價大幅上漲，不如市場預期時跌得也深。相較之下，中華電信的股價走勢就穩定許多。

好公司 選股策略 4	公司所處的產業獲利愈穩定愈好，除了從產業面來 分析，從公司歷史長期股價波動也可觀察出來。

有了這四個好公司選股策略，接下來是不是就要估算公司價值了？還沒有，因為要找出好公司我還會檢視一個指標做為選股策略5，這個指標非常重要，所以我要用一個篇幅來說明。

檢視好公司的財務指標：ROE

　　股票投資可以檢視的財務指標有很多，其中 ROE 是我認為最能分辨公司獲利體質的指標，也是在經過前面四個選股策略後要再檢視的第五個策略。至於 ROE 為何那麼重要？這必須從 ROE 的公式開始了解。

ROE 指標對股東的真正意義

　　ROE（Return On Equity）又叫股東權益報酬率或是淨值報酬率，是分析股票價值的財務參數。聽起來好像很難懂，有些人看到股東權益這四個字看不懂就不想看了，但它在股價分析上是很有幫助的參數，在這裡我會用淺顯易懂的方式解釋，相信你聽完就會對 ROE 不陌生。在說明 ROE 之前，先來介紹 ROE 的兄弟 ROI，它跟 ROE 長得很像，但比較容易讓人理解。

　　ROI（Return On Investment），講白了就是投資報酬率，更白話點就是出錢投資可以賺回多少錢的比率。比如你去夜市花了 40 元買雞排，回到住處正準備大口咬下時，隔壁室友小華因為肚子餓到受不了，提議用 45 元跟你買手上那塊雞排，你心想其實自己也

沒那麼餓就賣他。所以你因為一買一賣這塊雞排賺了多少錢？ 5 塊錢。這塊雞排給你的投資報酬率就是 12.5%：

= 5 / 40
= 12.5%

ROI 投資報酬率就是這麼簡單，你拿出多少本錢，之後賺回多少，兩者比例就是 ROI：

$$ROI = \frac{賺到的錢}{投入的本金}$$

那麼 ROE 呢？差一個字其實並沒有差很多，ROE 中的 RO 與 ROI 中的 RO 意思相同，兩者差別就在那個 E 字，也就是股東的權益（Equity），是指股東出資投資的本錢，代表的是股東在公司資本裡的權益。底下我舉個例子就能了解：

花花今天想開一家飲料專賣店，她找了小黑作股東一起投資經營，兩人合力拿出 100 萬做為開店資金。開店第一年運氣不錯飲料店馬上賺錢，前前後後扣除開銷一年淨賺 20 萬元，那麼這整家店的 ROE 就是 20%。看到這裡你有沒有發覺，ROE 不就跟 ROI 一樣嗎？是的，目前為止都是一樣，因為原始開店的 100 萬全部由花花與小黑自掏腰包投資，所以屬於股東自有資金，ROE 當然就是 20%。

$$ROE = \frac{淨利}{股東投入的本金}$$

經過第一年的開店經驗，他們決定開第二家飲料店，開始要搞連鎖了！此時花花、小黑打算跟銀行貸款 100 萬來開二號店。到了第二年年底結算獲利，一號店仍然淨賺 20 萬元，二號店淨賺 15 萬元，此時整個飲料店的 ROE 是多少？答案是 35%，比第一年上升 15%，ROE 上升是因為二號店的資金並非股東自己出，而是跟銀行借來的，所以原始股東投入的資金仍然是開第一家店的 100 萬，不過因為多了二號店賺到的 15 萬，所以此時 ROE 就變成：

＝ 淨利／股東投入的本金

＝（20 萬 ＋ 15 萬）/ 100 萬

＝ 35 ％

這樣了解 ROE 有沒有比較簡單？**在分析一家公司的股票價值時，考量 ROE 就是在看一家公司能夠幫股東口袋賺進多少錢。**

這是一個非常直覺的想法，因為如果要你出錢投資做生意，最重要的考量是什麼？就是能不能把錢賺回來，營收、人力開銷、物料開銷都很重要，但絕對比不上能拿回多少錢進口袋還重要。同樣地，一家公司的股東也是考量這個，自己出多少錢能賺回來多少。

除了股票，ROE 也可以用在房地產投資上，房地產投資一般會需要用到銀行貸款，所以 ROE 就是看一個房地產物件相對於出資本金的報酬率。比如要買一棟 500 萬的房子，跟銀行貸款 8 成 400 萬，100 萬是頭期款（你出的資金），然後你把這個房子每個月 3 萬元租給別人，每個月租金扣除雜費、稅金、繳貸款等還有 5,000 元的淨收入（真正進到你的口袋），一年下來就有 6 萬元的

正現金流收入，所以這棟房子出租的 ROE 就是 6%：

＝年度租金收入 / 頭期款

＝ (5,000×12) / 1,000,000

＝ 6 ％

若把這房子以 550 萬賣掉，在不包含租金淨收入的情況下，買賣的 ROE 就是 50%：

＝房子價差 / 頭期款

＝ (5,500,000 － 5,000,000) / 1,000,000

＝ 50 ％

一家公司的 ROE 在股票價值分析上很重要，因為你買進一家公司的股票你就是股東，這家公司能有多少的獲利進到你口袋，當然就是要看 ROE 了。

小心高ROE是來自過度舉債

　　ROE 雖是衡量公司運用股東資金效率的指標，不過讓公司獲利的營運資金也可能是透過舉債而來。簡單說，在獲利不變的情況下，運用的資金來自舉債愈多，代表來自股東的資金就愈少，計算出來的 ROE 當然就會增加。如同前例花花與小黑合開的飲料店，就是因為運用貸款而提升 ROE，如果換成兩人出的自有資金降為 50 萬，剩下 150 萬都是貸款，ROE 將提高到驚人的 70%，只是財務槓桿的風險就會變得太高。

　　也就是說，若一家公司是靠著大量舉債來提升 ROE 時，公司營運上反而存在高財務槓桿風險，景氣好時會因舉債而大賺，景氣趨緩或下滑時，就會因債務利息而拖累營運，甚至因此倒閉。所以在判斷 ROE 時，還需要留意公司是不是因為舉債過高才維持高 ROE。

富朋友語錄

投資理財就像坐上載滿人的擁擠火車，
過程雖然辛苦，一旦抵達目的地下車，
就會感受自由帶來的美好。

穩定的 ROE 等於是獲利翻倍

在好公司選股策略篇開頭，我對照過兩家股價波動差很大的公司，這兩家公司就是台積電與友達。而他們股價表現會差別那麼大，從兩家公司的 ROE 就可觀察出來，台積電的 ROE 相對穩定，友達則是不穩定。這裡重新檢視這兩家公司近年 ROE 與股價圖：

▼台積電與友達近年 ROE 比較

單位：%

公司	2007	2008	2009	2010	2011	2012
台積電	21.99	20.70	18.27	30.11	22.21	24.45
友達	21.24	7.21	-9.49	2.66	-24.40	-29.08

▼ ROE 較穩定的台積電

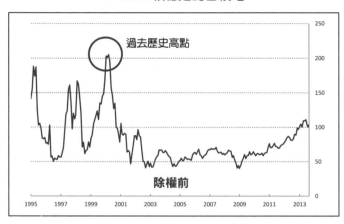

過去歷史高點

除權前

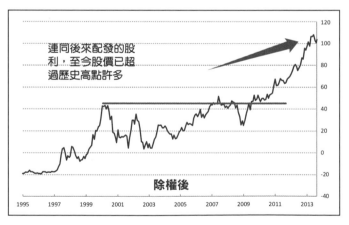

連同後來配發的股
利，至今股價已超
過歷史高點許多

除權後

▼ ROE 較不穩定的友達

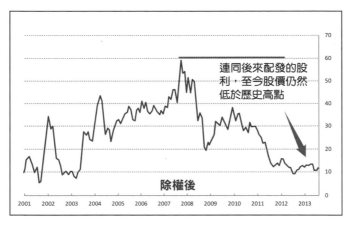

從兩家公司的股價圖可以看到，如果投資在 ROE 較穩定的台積電，就算進場價位是在公司過去股價歷史高點，隨後股價下跌後被套牢，但隨著公司一直穩定的賺錢及配股配息，股價後來還是能

逆轉勝,包含配發股利後的股價已漲超過之前歷史高點。但如果是投資在 ROE 較不穩定的友達就沒那麼好運,從圖中看到包含配發股利後的股價仍然低於歷史高點,如果是在該公司股價歷史高點進場,至今投資還是一直被套牢。

ROE 倍數

ROE 是計算股東資金的投資報酬率,所以如果把每年的 ROE 相乘起來變成 ROE 倍數,就可檢視某段時間內公司運用股東資金的獲利能力。下表以中華電信、中鋼、友達及億豐公司來做比較。

▼中華電信、中鋼、友達、億豐各年度 ROE

單位:%

年度	2006	2007	2008	2009	2010	2011	2012	ROE 倍數
中華電信	11.12	12.22	11.78	11.73	12.99	12.97	11.05	2.21
中鋼	19.39	22.95	9.54	8.41	15.08	6.94	2.07	2.19
友達	4.70	21.24	7.21	-9.49	2.66	-24.40	-29.08	0.68

年度	2002	2003	2004	2005	2006	-	-	ROE 倍數
億豐	28.39	34.58	17.57	20.78	22.19	-	-	3.00

ROE 倍數算法:以中華電信為例,2006 年的 ROE 是 11.12%,該年相當於投資 1 塊錢連同本金收回 1.1112 塊錢,以此類推 2007 年為 1.1222、2008 年為 1.1178……最後把這些數字相乘即為表中的 ROE 倍數。

前面提到中華電信目前是內需型電信業的龍頭股,而現在大眾打電話、上網就如同用水用電般,幾乎可說是民生必需,所以表中可見 ROE 一直都很穩定,七年下來 ROE 倍數為 2.21 倍,也就

是公司運用股東的錢在七年內賺了 221% 的報酬。而中鋼這七年來的 ROE 倍數跟中華電信差不多，不過因為中鋼所屬的鋼鐵產業明顯受景氣循環影響，所以在 2006、2007 年時 ROE 都很好，2008 年全球景氣反轉往下時，ROE 就跟著下降；相較於中華電信，中鋼的 ROE 就不穩定。至於液晶面板產業的友達不只受消費景氣影響，還要跟其他國際企業一同流血競價搶市占，所以長期的 ROE 是忽高忽低不穩定，甚至在 2009、2011、2012 年公司還是虧損，ROE 變成負值，七年下來的 ROE 倍數只有原本的 68%，等於股東投資的錢逐漸虧損掉。

至於億豐，眼尖的你會發現計算的年度與上述三家公司不同，是從 2002 年開始計算，到 2006 年後就沒有數據，原因是這家公司在 2008 年時就下市了，不過可不是因為表現太差而下市，是因為太賺錢而被外資給併購，成為不公開發行股票的公司。

億豐這家公司在當時是全世界百葉窗的領導廠商，在北美市場占有率很高，所以在股市裡一直是長期獲利資優生。從公司被併購之前所公布的 ROE 就可觀察到，這家公司的獲利能力很不錯，除 2004 其餘年度 ROE 都在 20% 以上，光這五年的時間 ROE 倍數就接近 3，比另外三家七年加起來的表現都好。我在 2006 年時發現億豐符合選股策略時就進場買，持有不到兩年公司就被外資溢價收購（溢價指公開收購價比當時股價還高），雖然因此少了一檔好公司可投資，不過也讓我在 18 個月內獲利豐厚，這筆投資至今仍讓我印象深刻，可說是回味無窮。

常見的股票投資迷思先搞懂才會賺

關於 EPS

迷思：EPS 有成長就是好公司？

事實：EPS 成長是應該的，還要看經營有沒有效率。

EPS（Earning Per Share），中文習慣稱「每股盈餘」，指公司每年的盈餘除以流通在外的股份，是股票投資中常被檢視的指標之一，通常用來衡量公司的獲利能力。 那為何 EPS 成長是應該的？

舉例來說，如果今天你把錢定存在銀行一年，隔年領到利息你的存款變多，你會覺得那家銀行就是超棒的銀行嗎？不會吧！定存一年生利息，存款本來就應該變多。公司每年的盈餘也是，因為大多數企業不會把當年全部的獲利以股利方式分配給股東，會保留部分盈餘做為往後年度的資金運用，所以在隔年公司營運資金變更多的情況下，盈餘及 EPS 跟著成長是合理的事。

另外，因為物價上漲已經是常態，所以企業獲利能夠隨著物價上漲而獲利上升才是好公司，代表這家公司有市場定價的強大競爭能力；好比麥當勞的漢堡若漲價，門市也不會空無一人沒人去吃漢堡，或許短期來客量會減少，不過當消費者習慣調漲後的價格，想

去吃的還是會甘願走進門。

　　所以 EPS 成長不代表就是好公司，更別說是在財報上動手腳讓 EPS 虛增的公司。重點要看公司經營效率，企業主如何運用保留未發出去的盈餘，讓公司與股東賺進更多的錢。

關於攤平

迷思：股票下跌就加碼攤平，漲回來就解套？
事實：如果口袋不夠深，是被套牢而不是攤平。

　　「攤平」，意味著在高點買入股票，日後股票跌到低點時再進場加買，持股總成本就降低。例如一檔股票在 20 元時買進 1,000 股，後來下跌到 10 元再買進 1,000 股，持股成本就變成 15 元，原本要等股票從 10 元反彈漲到 20 元才是解套，攤平後股票只需從 10 元漲到 15 元時就解套。但畢竟這是假設在股票有反彈回來，萬一股票沒有那麼快反彈呢？這真是在進場攤平前要認真思考的事呀！對我來說，攤平的重點不只是以更低的價位進場，更是在於你口袋準備了多少錢。

　　以巴菲特來說，只要他相中一檔好公司股票時，他很樂意見到公司股價下跌，而且跌愈多他愈高興。為何？因為他可以進場用更便宜的價格買進，持有這間公司的股票成本也就愈來愈低，從這點來看，他是對這家公司的持股做攤平的行為。不過換做是一般人來執行可就不一定是在攤平，因為如果股價一直跌，你也一直低接攤

平，接到你手上沒有資金可以再進場時，或是你開始害怕股價跌到更深、虧得更多不敢進場，那一瞬間你就再也不是在攤平，而是被套牢。

攤平跟套牢就是那麼一線之隔，巴菲特之所以能夠一直低接，就在於他手上的現金幾乎是用不完，所以他確實是在攤平。反觀多數人都認為自己是在攤平，其實很可能只是做最後的掙扎，一旦手上的資金用光，那就是完全被套牢了！

關於存股

迷思：高股息的公司最適合存股？
事實：股息不一定要高，小心存錯股。

近年來股票市場流行「存股」一詞，感覺投資股票就該像把錢定存在銀行一樣，享受長期投資的好處。通常我對市場流行的投資概念會特別謹慎，會試著了解其中的好處，小心檢視其中的陷阱，因為投資不需要跟隨流行，而是要穩健執行正確策略。用「存股」一詞確實是不錯的方法，讓人快速了解長期投資的好處，不過隨著這名詞愈來愈紅，媒體及有心人士也開始利用這名詞炒熱投資市場，間接讓不少人走入錯誤的投資觀念。

首先我們要搞清楚存股兩字的定義，到底是指定存股（名詞）還是把股票存起來（動詞）？切記不要隨市場起舞，因為存股兩字火熱而就跟著一頭熱，媒體給了它好聽的名詞，但也讓更多有心人

利用來炒作股票，反而誤解投資方法。所以重點是在方法、在策略，而不是單純追求存股兩字。

另外，市場有時會鼓吹高配息公司就是好的存股對象，如果是持續 3 到 5 年以上的配息那就更好，但我要說這還只是部分條件符合，不代表就是值得存的股票。例如公司能否在競爭市場持久經營？如果公司市場競爭力夠高，年年都賺錢而且經營效率也高，就算發出的股利股息比例不高，仍有機會可以長期持有。反之，如果該公司的產品市場競爭力不足，即使發出來的股利股息比例很高，也不代表就適合拿來長期投資。

關於股息殖利率

迷思：發放股息比例愈高，公司就愈好？
事實：要小心是不是打腫臉充胖子。

有些媒體喜歡用當年度的「股息殖利率」（股息與股價比率）來衡量一家公司的好壞，判斷只要高於銀行定存利率愈多就是愈值得買進的股票。然而，卻也有些公司為了維持穩定發股息的形象，把過去未發出的盈餘在當年度發出來，造成就算公司當年度沒賺那麼多錢仍有高股息可配發。這之中有的公司可能是策略運用，但也有可能是公司經營者想打腫臉充胖子，在市場上維持發股息的好形象，投資時不可不察！

當然，用過去賺來的錢配當年度股息並非無理，只是這樣做投

資人必須思考，公司是因為想要提高股息的比率來吸引投資者買股票，還是因為公司運用不到這些資金所以發還給股東？甚至再進一步想，如果公司能夠將保留的錢做更好的營運投資，那為何要配發出來？所以關鍵還是在公司處理保留盈餘的出發點在哪，而不是只看到公司配了很多股利就認為是好公司。

另外也要提防公司在往年不賺錢時股利配發很少，卻突然在某年發放高額股利，原因可能是前一年度處理公司名下資產的暫時性獲利，或是以左手進右手出的方法把資本公積拿出來發放，雖然配發高股利會引起市場注意使得股價短期上漲，不過獲利並非來自公司本業，所以成長不可能持久，也許隔年又會再度因不賺錢而沒有股利可發放，股價也因此下跌，當時被高股利而吸引進場的人就被套牢。

何謂資本公積？

　　一般是指超過票面金額發行股票所得之溢額。比如一檔股票每股增資 30 元，股票面額依規定登記每股為 10 元，多出來的 20 元即轉為資本公積記錄在股東權益裡。一家公司用增資的資本公積來配發股息形同把股東的錢退還而已。

關於新股

迷思：新股上市都有甜蜜行情可賺？

事實：甜蜜行情有，不過那是對原始股東而言。

宸鴻（股票代號：3673）在 2010 年 10 月 29 日掛牌上市，上市前新股的承銷價為 220 元，結果掛牌當天以 500 元的股價開盤，抽到股票的人現賺 28 萬元。原以為股價會因上市掛牌的利多出盡而開始盤整或下跌，沒想到宸鴻夾著新一代股王候選人的氣勢，股價一路往上創新高，到了隔年股價甚至來到 982 元，短短不到一年股價上漲快 500 元，讓這段期間勇於買進宸鴻股票的人都荷包滿滿，當然提前賣出的人就只能大嘆可惜！由此來看，新股似乎真有種氣勢讓股價高漲，加上市場尚不熟悉新股的股性，自然就對有賺錢題材的新上市櫃公司充滿無限想像。然而，新股是否真的這麼好賺？

王品集團（股票代號：2727）在市場一片看好食品股情況下，2012 年 3 月 6 日掛牌上市，當天最高點為 501 元，不到一個月股價最高曾來到 517 元。不過市場對王品的獲利似乎不如宸鴻來得有信心，之後王品的股價也就不斷往下探底，最低還來到 400 元附近，等於投資每張股票讓人少吃好幾客王品牛排。雖然王品集團是國內食品及觀光業中賺錢的公司，未來股價也許有機會回升，不過從上市初期的股價表現來說卻不如宸鴻威風。以此來看，投資新股又是充滿著風險。

　　所以，新股到底值不值得投資？我覺得透過數字來說話最清楚。我以新股上市後二年的獲利表現做判斷，追溯 2010、2011 年掛牌的新股，去除國外上市公司存託的股票（TDR）、上櫃轉上市及改名重新掛牌的公司，剩下的 49 家公司中，上市後二年平均每股盈餘（EPS）較上市前一年衰退的有 36 家，衰退比例高達七成！可見這些新股不只不新鮮，還讓投資的人「心」情跌到低「谷」！

　　除非你有非常高的把握選到上市後還能賺錢的公司，而且掛牌時的股價不會因市場氣氛造成股價虛漲（通常是一定會），不然要在新股上賺到錢難度相對較高，一般人更是絕對不要嘗試投資新股。

挖掘好公司價值公式 1

平均殖利率估價法

　　經過好公司選股策略的篩選後，接著就要決定股票的價值以及進場買股的時機。而我將分享兩個常用的估算價值公式，只要學會這兩個衡量股票價值的方法，搭配前面好公司選股策略，你也能安穩賺取投資型被動收入。

　　第一個價值估算公式非常簡單，照著以下步驟及公式，用一般的計算機就可以算出來。

$$好公司價值 = \frac{年平均現金股利}{預期報酬率}$$

平均殖利率估價法 4 步驟

步驟 1　查詢該公司現金股利平均值

　　先把挑選出來的好公司其過去 5 到 10 年所配發的現金股利查詢出來，然後取現金股利年平均值，這就是預期投資該公司往後平均每年能得到的現金股利。

步驟2 設定預期報酬率

設定你心中想要的現金股利殖利率（也就是預期報酬率），好公司長期來說 4% ～ 8% 為可預期。

步驟3 用預期報酬率與過去年平均現金股利回推公司價值

步驟4 耐心等待好公司價值浮現

底下以 C 公司為範例。首先我們要知道待估算公司的歷年現金股利，資料在公司官方網站或各大財經網站都可查詢得到。下表則為假設 C 公司從 2006 年到 2012 年的股利發放情況：

▼ C 公司歷年股利政策

單位：元

年度	2006	2007	2008	2009	2010	2011	2012
現金股利	3.56	4.15	3.72	4.16	5.62	5.58	5.27
股票股利	1	2	1.1	0	0	0	0

步驟 1 計算七年的現金股利加總為 32.06，平均值就是 4.58。

步驟 2 預期報酬率會依個人設定而不同，在此以 6% 來舉例。

步驟 3　將年平均現金股利與預期報酬率代入公式計算出公司
　　　　　價值。

　　　　　　＝ 4.58 / 6%

　　　　　　＝ 76（小數點第一位四捨五入）

步驟 4　耐心等待股價來到 76 元以下時，就是預期價值浮現
　　　　　的時候。

　　看到這裡，或許有些人會開始存疑：真的那麼簡單就可以決定
股票價值？通常我跟別人分享這常用方法來估算公司價值時，對方
都會驚呼：「這也太簡單了吧！」其實在我看來，並不是方法太簡
單而不實用，而是外面有太多的資訊誤導我們，以為投資就應該很
複雜，投資評估就是要很專業的估算才叫投資，像這種簡單就能理
解的方法反而被人忽視。長期以來，我就是用這樣的方法來評估我
選定好公司的價值，這也讓我在日後舒服地享受不需看盤，財富仍
穩定增長的好處，前提只要依照好公司選股策略，評估公司能夠擁
有穩健獲利的優勢，用這樣簡單的計算方式就能衡量公司價值是否
被市場低估。

　　再來，這方法對追求動輒 20%、30% 或 50% 極高報酬的人產
生不了興趣，每年預期平均 4% 到 8% 的報酬率沒辦法吸引這些
人。不過別忘了我們要的是穩健的投資獲利，追求的是讓自己財務
自由，那就不該心裡只想著高報酬率而忽略長期穩定的條件。（還
記得複利的兩大關鍵嗎？）總不能今年因為報酬率高達成財務自

由，明年報酬率變低或是有虧損就又要回去上班吧？況且因為選定的股票都是符合好公司的條件，所以未來配發的股息有可能比過去十年均值還高，股價在日後就有可能漲超過自己設定的價值。

　　所以，股票投資真的很難嗎？有時真的是周圍充斥太多資訊，結果自己就把它想難了！

挖掘好公司價值公式 2
預期 ROE 估價法

遇到真的要多計算才安心的人，這裡要介紹我用來評估股票價值的另一個方法：預期 ROE 估價法。觀念跟平均殖利率估價法類似，不過需要先了解 ROE 跟公司價值的對應關係。

$$好公司價值 = \frac{ROE \times 每股淨值}{預期報酬率}$$

由 ROE 與價值關係式可知，只要知道 ROE 與每股淨值，並設好自己預期的報酬率，就可以計算出預期公司價值。

預期 ROE 估價法 4 步驟

步驟 1 查詢選定好公司的過去 ROE，取 5 年以上平均值。

步驟 2 將近 5 年平均 ROE 乘上最新財報年度的每股淨值。

步驟 3 將步驟 2 計算結果除以預期報酬率計算公司價值。

步驟 4 耐心等待好公司價值浮現。

同樣以 C 公司為例，下表是假設其近年的 ROE。

▼ C 公司近年 ROE

年度	2007	2008	2009	2010	2011	2012
ROE	12.11	11.01	12.41	12.88	12.67	11.65

步驟 1 計算 C 公司過去六年的 ROE 均值是 12.12%。

步驟 2 2012 年 C 公司的淨值約為 3,699 億元，股本約為 77.57 億股，換算每股淨值約為 47.68 元。與 ROE 相乘結果為：

= ROE × 每股淨值

= 12.12% × 47.68

= 5.78（小數點第三位四捨五入）

步驟 3 預期報酬率會依個人設定而不同，在此以 6% 來舉例，推算公司價值為：

= 5.78 / 6%

= 96（小數點第一位四捨五入）

步驟 4 只要 C 公司股價在 96 元以下時，就是預期價值浮現的時候。

然而，你現在應該發現一個問題，怎麼同樣是對 C 公司估價，兩個公式的計算結果卻不同，還差了 20 元之多？如果單從財

務面來說，平均殖利率估價法是從現金股利去估算，預期 ROE 估價法是從公司淨利去估算，因為現金股利是從公司淨利裡分配出來，所以在兩者設定預期報酬率相同的情況下，前者估算價值就比後者來得低。

另外，評估股票價值時還有一個重要觀念：一檔股票的價值在每個人心中不會完全相同，不同的人評估，或是用不一樣的評估方式，算出來的股票價值都不一樣。以我自己經驗，一家公司的股票真實價值沒有人可以說得準，也很難算出市場上給予該公司最終價值。巴菲特也曾針對公司價值的衡量方式發表過言論，他說每次在計算要買進公司的價值時，他與合夥人查理‧蒙格（Charles T. Munger）所認定的價值常都不一樣。

但是否這樣我們就不需要做公司價值判斷？當然不是，而是要對股票價值與買進價抱以正確的心態：**公司價值只能當作股票買進價的相對參考，而不是做為絕對買賣的準則**。也就是說，知道如何推算公司價值能夠幫助自己判斷現在的股價是偏貴還是偏便宜，並不是說公司真實的價值就一定在那。相較於只從報章雜誌或是市場「老師」所提供的股價買點，經由自己評估計算的參考值也比較有根據。

只是為了降低估價上的誤差，投資好公司股票時最好還要配合「打折」的時機點進場，讓自己的投資獲利更有保障。

好公司趁打折買
開心領股息一輩子

　　定期檢視股票投資紀錄是我的習慣，我可以從中回顧自己何時正確的買進，檢討投資結果，做為下次投資的修正參考。當投資經驗愈多，檢視的紀錄也變多時，我慢慢發現一件事：大部分讓我獲利較高的投資，都是在市場發生恐慌下跌時進場買的股票。換句話說，好公司的買點在此時特別容易浮現出來，而且股市跌得愈兇，就有愈多便宜可以撿。一旦發現原來在股市打折時買股票的投資績效，跟平常花時間看盤的成果差不多，甚至更好時，我就開始決定把投資重點策略擺在打折時進場撿便宜。

趁打折撿便宜，一次投資抵過十次進出

　　不論是公司基本面好壞而影響股價，或是媒體消息面的影響，股票市場一直都處於上上下下的狀態。偶爾發生足以影響市場下跌的事件，股價更是會連鎖反應一個接著一個跳水，此時大跌後的股市就好像百貨公司打折拍賣，好東西也會跟著變便宜。像進入 21世紀的頭十年就非常精彩，2000 年美國網路科技股的泡沫、2003年的 SARS 風暴、2008 年因次貸風暴引起的全球金融海嘯，都硬生生把股價由上往下拉到谷底，當時市場一片哀號，許多人因此賠

掉不少錢。不過這時反而是有耐心的人出來接禮物的時候，雖然股價處在低點，但好公司也因股價打折而低於平常買點很多，而且好公司因為體質優良，短期的市場動盪並不影響公司的長期競爭優勢，所以事後股價回升時報酬就很可觀。

▼ 2000 年到 2010 年大盤發生三次大幅下跌

股市打折時進場多有利？以下將舉三種不同產業與股票屬性的公司來模擬報酬率；三檔股票分別是老牌鋼鐵股 C、晶圓代工股 T 以及便利超商股 P。

▼ 2000 年科技股泡沫買進報酬率（含除權息）

公司	模擬 買進時間	2013.07 模擬報酬率	年複利 報酬率
* 鋼鐵股 C	2001.09 ～ 2001.11	94%	5.68%
晶圓股 T		688%	18.77%
超商股 P		2339%	30.50%

＊在此只有鋼鐵股 C 不是用還原權值的股價計算，因為在經過多年除權息後，2001 年模擬當時的鋼鐵股 C 股票成本已低於零，也就無法計算報酬率。實際的報酬大於表中數字。

▼ 2008 年金融海嘯買進報酬率（含除權息）

公司	模擬 買進時間	2013.07 模擬報酬率	年複利 報酬率
鋼鐵股 C	2008.12 ～ 2009.02	68%	12.16%
晶圓股 T		279%	34.48%
超商股 P		297%	35.86%

以上兩表的模擬報酬皆以平均價位來計算，實際報酬會因個人而不同。

　　從表格的數據可知在 2000 年美國網路泡沫股災期間，晶圓股 T 與超商股 P 股價都受股災影響來到相對低點，若從當時買進並持有到 2013 年 7 月，模擬計算晶圓股 T 報酬（包含除權息）獲利快 7 倍，超商股 P 報酬更高達 23 倍！換算每年複利報酬率分別為 18.77% 及 30.5%，這種績效只憑口說一定很多人不相信。別人投資十年每年都要維持超過 20% 的年報酬率才追得上來，而你只要在那段時間投資那麼一次，這十年間每晚都睡得安安穩穩，荷包也賺得滿滿。至於鋼鐵股 C 或許讓人覺得獲利不夠漂亮，不過至今也打敗很多當時的熱門股，更不用說除權後當時買的股票早就是零

成本，所有的投資本金都賺回來。另外鋼鐵股 C 是市場人稱的牛皮股，股價波動低相對穩定，這是一般人沒有看見的隱性優勢。

時間再來到 2008 年金融海嘯，若那段期間買進並持有到 2013 年 7 月，持有時間約四年半，三檔股票模擬計算年複利報酬率則分別為 12.16%、34.48%、35.86%，這樣的投資成績同樣也是讓人羨慕不已。

所以，假設這十年間你只進場投資兩次，往後的報酬率就可達到如此令人滿意的水準。其他時間你仍然正常上班、跟家人相處、假日開心出遊，每年固定時間郵差就會寄送公司配發股利的通知單給你，現金股利也會自動進到指定的銀行帳戶。搭配前面所說的自動化存錢系統，這樣的投資理財方式，實在是輕鬆又舒服。

做好準備，股災隨時會來

股票市場很有趣，當大部分人認為股市即將下跌或是要提防股災時，市場反而會盤整或往上漲；又常常在一片看好上漲的聲音中緩緩下跌。其實，股票市場往上或往下並不是單純透過分析就可知道，更不用說預測股災何時發生。通常會讓股票大打折的股災，是不會有人知道何時出現的！

那既然無法預測股災的發生時間，我們該怎麼辦？**你唯一要做的，就是確認股市真的打折時，手上有夠多的資金可以進場撿便宜。**不然等股災出現時，手上要現金沒有現金，要投資本金又被套

在其他地方，或是平常根本沒做好這筆投資的資金規劃，這樣的投資機會對你而言，當然又只是一則金融危機的新聞報導而已。

這也是為何本書一開始就告訴你，我們目標是朝向打造自動化理財系統，因為只要先把存錢系統架構好，每個月就會自動把該投資的錢分配出來存進投資理財帳戶裡，等到好公司的股票出現打折買點時，你就有充裕的資金可以進場。也因為你早就依據功能將各種時機要用的錢分配好，所以你並不會煩惱某筆支出缺錢的問題，如此一來你更有把握投資的資金可以長期待在股市裡，有信心地等待市場回升，看著好公司發揮它原本就有的競爭力，然後坐收股息與股價的成長。

最後，我想分享一個關於提前準備的故事：

有四個學生不顧隔天考試在外面貪玩一整晚，回到宿舍因為太累所以就倒頭大睡。因為完全沒準備考試，所以隔天早上他們想到一個妙計，把自己全身弄得髒兮兮後去找教授，一臉疲倦地說他們昨晚上山參加朋友的部落婚禮，回程中車子爆胎又找不到修車的店家，只好一路把車推回來，現在完全無法參加考試，希望教授可以通融。

教授想了一下後，決定三天後讓他們重考一次。學生們非常感謝教授，說他們一定會做好準備。

三天後，四位學生準時出現在教室，教授說因為這次是特別考試，所以要求四人背朝背坐在教室角落作答，學生們當然沒問題，

因為這三天他們已經針對科目做好萬全準備。

當四人移動好座位，教授把考試卷發到他們面前，四個學生當場都傻眼了！沒想到試卷上教授只出了兩道試題：

問題1：共乘車子的廠牌？（10分）

問題2：哪一個輪胎爆胎？（90分）

（A）左前輪（B）右前輪（C）左後輪（D）右後輪

當初聽完這故事，我獲得兩個啟示：一、不要說謊；二、做事要提前準備，如果發生危機更要確認準備周詳，因為臨時抱佛腳風險真的太高！所以，當股災來時，我們都要做好準備，才不會跟財神爺擦身而過，你說是不是？

底下兩個問題提供給你思考，幫助你做好準備：

問題1：有沒有耐心等股災來？

問題2：能不能依收入現金流分配計畫存下投資本金，在股市打折時讓你放心進場撿便宜？

富朋友語錄

重點不是你在上一個股災沒買到什麼，
重點在下一次股災你有多少錢可以買。

上漲下跌都放心的 投資策略

　　從 2007 年美國次級房貸風暴開始，一直到 2008 年雷曼兄弟銀行倒閉引起的全球金融海嘯，期間我一直關注股票市場會不會出現我所謂的打折機會。果然，許多好公司的股票在那時都來到值得買進的價位，除了自己大力買進，我也通知幾位朋友一同參與這難得機會。其中一位朋友投資屬性較保守，以往都只願意投資風險低的債券型基金，從來沒有買過股票，所以對我的建議一開始感到不少疑惑。但在聽完我的分析後，朋友決定進場投資，買進我推薦適合他屬性的股票。

　　以現在來看，那時的買進真是太正確了！不過令我意外的不是那筆投資讓朋友每年有近 20% 的報酬率，而是在日後竟然不時地追問我：「股票何時會再跌呀？」看來他真是買上癮了！

　　「股票何時會跌？」投資股票那麼久，還真少見過有人跟我一樣，自己持有的股票上漲高興，下跌也開心。也因此，我很高興讓朋友看到穩健投資策略的好處；只要用正確的心態來投資，並不需要在股市追高殺低也可以有很好的報酬，而且換來的成果更穩健。

　　還記得我剛開始接觸股票的時候，雖然已經對巴菲特的投資理

念非常嚮往，不過同時間我也努力研究各種股票投資的策略，比如技術分析就是會鑽研的一種。那時在我大腦裡好像有個切換器，當要採用價值投資策略時，我就會以價值投資的角度來衡量股票：看財報、看公司營運績效、觀察公司的商業模式有無競爭力。切換到技術分析腦時，就會拿出股價走勢圖畫線、看成交量、判斷股價線型，拿尺在圖上找買賣點，相信不少人都有這種透過技術分析找買點的經驗。

而且記得那時為了賺波段價差，每到週末我就會坐在書桌前擬定下週的進出場計畫。現在回想起來，雖然做波段那段時間讓我賺到額外零用金，卻也犧牲掉不少休閒時間，而且每天都緊盯著股價走勢，上漲時就會開心，下跌時就只能繃緊神經，擔心自己持有的股票跌破設好的停損價。回想那段股票投資經驗，現在這種漲與跌都不會影響心情的投資策略，真的是舒服多了。

你是否想過有種投資方式能夠讓你漲跌都開心？你是否想要在財務自由時，不用擔心手上的投資影響生活與心情？我想該是你好好思考這種穩健投資策略的時候。不為金錢煩惱，不因投資理財而影響到自己的生活，我想這才是財務自由真正該有的境界。

不工作，更自由
打造被動收入不是夢

當你開始跟我一樣存錢理財已經自動或半自動化，投資又不需每天看盤、檢視績效時，你會多出很多時間給自己；你可以多陪家人，可以去進修，可以更努力在自己本業工作上，此外你也可以嘗試賺取投資以外的被動收入。可惜的是，從小到大我們所受的教育，對於如何賺取被動收入的知識是微乎其微。但畢竟人生只有自己能負責，如果想要在後半輩子過著不被工作與金錢綁住的生活，就該儘早擺脫依靠時間與勞力賺取收入的模式。

前面提過，被動收入是指不需花太多時間（或是初期已經投入大量時間），收入仍然會持續進到你的口袋。「不用做事也會有收入」對被動收入是種誤解，如果你周圍常出現這種好康到不行的賺錢機會，提醒你把眼睛放亮些，看清楚有沒有暗藏玄機。再來被動收入其實也不如想像中的輕鬆，往往需要的是長時間的學習，才可以打造出真正穩定的被動收入。

先認清自己適不適合被動收入

電視節目上常看到人力資源專家說，找工作前要找適合自己的工作，雖然我想大部分人工作都是為五斗米折腰，能找到適合自己工作的機會跟看到流星的機會差不多，不過如果是要賺取被動收入的話，適不適合自己還真是很重要。

用「認清」這兩個字，是因為建立被動收入的辛苦程度，往往是一開始想像不到。先不管那些生來就有老祖宗留了大筆房產的人，如果是自己要從零開始建立被動收入，在開始前最好先看產生收入來源的方式適不適合自己。

以當房東來說，表面上看來是每月輕輕鬆鬆跟房客收租金，其實背後有一堆雜事是當房客的人無法想像。比如晚上要去幫房客通馬桶、假日房客冷氣壞掉要維修；運氣不好租給會吸毒的房客，有時還直接帶朋友來開毒趴；房客三不五時跟你玩老鷹抓小雞拖欠房租；或是突然有人上門要租房子，還要求愈快搬進去愈好，讓人懷疑是正在跑路躲警察嗎？別以為我說得誇張，這些全是房東悲慘實錄。如果你原本是期盼可以坐在家裡輕鬆收租金的人，等你遇到這些事情後，可能就會放棄當房東拒絕賺被動收入了。

不過，好在除了做房東還有很多種打造被動收入的方法。我在下一篇將介紹不同類別的被動收入，還有賺取收入時該注意的地方。

沒有資本
照樣能擁有被動收入

　　一般來說，被動收入可以分為投資型的被動收入與事業型的被動收入。以字面上意思來看，一個就是透過投資理財，一個就是自己創業。廣義來說還可以把被動收入分成以下兩個類別：

需要透過資本才可以創造的被動收入。

不需要透過資本也可以創造的被動收入。

透過資本創造被動收入

　　第一種被動收入來源通常需要有一定的資金，不論是透過自有資金或是貸款。通常這種被動收入的好處，在於你選定目標投入資金後，接著就是等待收入在固定時間進來。比如用貸款買房子，重新巧手裝潢再出租就是其中一種，當你的房客租金大於繳給銀行的本金加利息，你就等於打造出一條被動收入來源。另一個例子是花錢購買某間公司的股權，然後領取公司的獲利分紅，不論是參與私人公司集資，或是購買上市上櫃的企業股票都算。

　　創辦公司也屬於這一類型，因為創辦一家公司初期需要資金，同樣也要透過自己出資、向私人籌措資金或是跟銀行貸款。第一種

被動收入的最大風險是當結果不如預期時，就得面對大筆金額的損失，甚至背上壓力沉重的債務，所以對於這種被動收入一定要小心規劃，不要想一次豪賭期待人生從此翻身。賺得慢、賺得少沒關係，賺得穩比較重要。

一般透過資本賺被動收入的方式有：

投資上市上櫃公司股票領取股息
購買房地產出租給別人
購買債券（或債券型基金）領取債券利息
在私人公司成立初期成為創始股東
買下客源穩定，管理良好的商店
加盟知名的連鎖商店然後請員工顧店
退休養老年金

非透過資本創造被動收入

第二種被動收入（非透過資本創造）最大優點是不需太多的資金就可以開始，不過需要你長時間的投入來換取之後的被動收入，最大的風險是忙了大半時間卻沒有任何回報。

不透過資本賺被動收入的方式有：

作詞、作曲
發明專利並且變成商業產品
成立部落格、網站賺取收入

成為產品或是資訊傳遞的仲介通路

寫一本書出版

研發軟體透過收費機制開放別人下載

開發產品然後在別人店家託售

販售專業（比如將獨家食譜授權他人出版）

循序漸進，被動收入這樣賺

1. 先學習

從上面舉例中挑出你想嘗試的項目，詢問周圍的人有無類似經驗，有的話就去了解其中所付出的努力。如果沒有這些人脈，那你有兩種選擇：一是放棄改選別的方式，另外就是買書研究想辦法學習。

2. 多評估

如果是透過資本才能賺到的被動收入，至少得花半年時間每天做研究，研究期間千萬不要投入任何資金，因為若沒有成果頂多只是花掉時間而已，不至於浪費金錢。有些人會在剛開始看到機會就過於興奮投入資金，最後失敗時就到處跟別人說被動收入都是一場騙局。其實都是因為自己衝太快沒先衡量清楚。

3. 試水溫

初期先用試水溫的心態開始，等到有成效時再往前多走一步。

比如投資股票先投入一點資金，等到真正賺到錢時才開始投入更多資金，在賺錢之前仍然要不斷充實這方面的知識。

4. 自動化

　　不論是透過投資理財或是創辦事業，需要資金或不需要資金，最終目的都是要讓自己能夠不需投入時間而仍然有收入，雖然不可能 100% 不需要投入時間，但要在開始有收入來源時，就先思考如何完成自動化的目標。

別一開始就想辭掉工作

　　從上面兩個廣義的被動收入來源來看，被動收入不是需要大筆資金，就是要經過長時間扎根。大筆資金需要先有存款，長時間扎根代表那段時間你的收入會少得可憐，保留一份穩定的工作收入來源才能支撐你完成這些事。以我較熟悉的投資公司股票領取股息來看，如果以保守的股息報酬率 6% 來說，想要一年有 36 萬元的股息（一個月平均 3 萬），至少要投入 600 萬元的本金，而且購買股票不該透過貸款購買，所以這些本金得要靠上班工作存下來，如果連稅都算進去的話就要準備更多的本金。不過雖然要花的時間可能需要好多年，但只要想到這些辛苦可以換來財務自由，現在所做的努力都是值得的。

比「如何賺」被動收入
更重要的事

　　想要財務自由，擁有被動收入占了很大的決定因素。所以「如何賺取被動收入？」應該是很多人都會好奇的問題。在前面我已經說明幾種賺取被動收入的方法，現在要你思考一個比「如何賺」更重要的問題；能不能成功並且持續賺到被動收入，都必須通過這個問題的考驗：

你願意花多久時間來開拓出一條被動收入？

　　是的，你願意花多久時間？為了追求以後不用付出勞力工作，仍然可以有持續性的收入，過著令人稱羨的生活？或者應該說：財務自由值得你拿多少時間來交換？

　　如果從現在開始跟自己約定，每天花一些時間來開拓你的第一條被動收入來源，先不管用什麼方法才能賺到，每天就是投入時間做跟開拓被動收入有關的事，直到你成功賺取第一條被動收入。

　　「需要做多久？」我想應該有人會這樣問。

　　十年。

　　「十年後能賺到多少錢？」這問題也很實際。

　　每個月 1 萬元。

「啊?才 1 萬元……」肯定有人會這樣想。

沒錯,就是 1 萬元,如果要你花 10 年的時間去經營,然後賺取這每月 1 萬元的被動收入,你覺得值不值得呢?其實我更想說是賺 5 千元,只是我怕很多人就此打退堂鼓。

「需要那麼久喔……」
「有沒有快一點的方法?能不能下個月就賺到?」
「我給你 10 萬元,直接跟我說怎麼做比較快。」

上面是我猜測有些人心中會有的小聲音,不過如果你剛好這樣想,那我覺得被動收入可能不適合你,不然就是心態上要調整。

被動收入需要逐步賺來

事實上,不會真的需要 10 年的時間才能打造一條被動收入,但要多久時間是因人而異,沒有絕對。不過如果你真的願意付出 10 年的時間來開拓出一條被動收入,我想沒有什麼困難可以阻擋你邁向財務自由。更何況 1 萬元是指「被動式」收入,與上班付出勞力賺取的主動式收入完全不一樣。想想看 10 年後你每月除了上班薪水,再加上 1 萬元被動收入,生活會快活多少?而且你不擔心這 1 萬元會消失,就算有天你被迫失去工作,這 1 萬元仍然會持續進到你的帳戶,也可以做為你找到下份工作前的生活費補貼,而且當你外出尋找工作時,不用煩惱這 1 萬元不會進來,因為它是扎扎實實的被動收入。

　　更棒的是，當你擁有第一條被動收入後，第二條來源就會快很多。假設 10 年後你成功擁有了月入 1 萬元的被動收入，可能再過 3 年就又開拓出一條 1 萬元的被動收入，再過 2 年又開拓出一條 1 萬元的收入，接下來是 1 年 1 萬……接著你就真的可以靠被動收入而財務自由。

　　同時你還賺到一個更重要的東西：打造被動收入的知識。這個知識就像是聚寶盆，幾乎是只要你肯付出足夠的時間與耐心，你就能產生新的被動收入出來，差別只在快跟慢而已。

　　另外因為你開拓出來的被動收入是穩定的現金流，所以如果你的野心較大想要創辦更大的事業也不用擔心，因為你有穩定的現金流支撐生活開銷，就像在你背後有個有錢老爸一樣，能不斷提供生活費協助你創業，你等於不用擔心創業失敗會怎麼辦，也因此你更敢放手去闖蕩，而這樣的成功機率有時反而更高。

　　然而，有些被動收入看起來好像不用那麼久就可以賺到，而且感覺上還很容易，繳了錢馬上就可以有被動收入產生。但我可以肯定的是，如果你想要賺的是穩定的被動收入，那就別想抄捷徑！這種抄捷徑而得來的被動收入，只會讓你剛嘗到一點財務自由的感覺時，就消失不見。

為什麼要花那麼久的時間？

如果想要在之後能夠不費力的享受，之前的準備時間本來就要夠長，才會使能量累積。

以實際例子來看，寫一本書就要花不少時間，能夠有足夠的知識下筆更需要時間；寫出一首歌需要時間，學會彈奏的樂器更需要時間；成立一家會賺錢的公司需要時間，讓公司自動運轉更需要時間；架一個網站需要時間，讓網站有人氣需要更多的時間。以我自己賺取被動收入經驗來看，最主要的股票投資被動收入至少花了 5 年以上才真正建立完成，其他種類的被動收入也是有只花 3 個月就開拓成功，只是股票投資被動收入已經幾乎不用我再投入時間就有收入進來，而後者每天還是要花一點時間維護。

這就是在賺被動收入前更需要先知道的重要觀念，這也是我自己一路走來的經驗，在之前我也曾以為賺被動收入就是做這做那、東做西做就好，而現在才知道，更重要的是要有花長時間持續開拓的心態。

所以，你願意花 10 年來打造你的被動收入嗎？

希望你願意。

建立個人股票投資 SOP

對於初學股票投資的人，剛開始分析公司競爭力跟價值計算可能會不習慣。不過放心，當初我也是這樣走過來，如今這些對我都如同基本知識般熟悉，所以只要多練習一定會上手。

現在就換你來練習尋找自己的好公司名單，照著以下步驟建立自己的投資組合。

步驟 1　尋找你心中的好公司

依照好公司選股策略篇的四個策略，思考有哪些公司值得你長期觀察，並把符合每個策略的原因記錄下來。如果一開始不知道如何尋找，可以從書中介紹過的公司著手，寫下你認為符合好公司的原因。

回顧過濾好公司的四個選股策略：

1. 公司名稱是否聽過？（這家公司你熟悉嗎？）
2. 能否快速了解公司本業在做什麼？（獲利來源簡單嗎？）
3. 公司倒閉的可能性高不高？（存活率高不高？）
4. 公司股價波動幅度大還是小？（該產業的獲利穩定嗎？）

列出好公司名單後就好好保存，因為買點通常不會馬上出現，有時一家公司入選後要經過二、三年才有機會買進。投資組合名單也需要定時做汰舊換新，將自己的好公司名單維持在最新狀況。

步驟 2　觀察好公司的 ROE 變化

　　經過四個策略過濾出好公司後，接下來要觀察第五個策略指標 ROE。可以到該公司的網站下載官方公布的股利資料及財務報表，將選出的好公司 ROE 查詢出來（通常在公司官方首頁可找到寫有投資人資訊或股東專欄的網頁）。下載後觀察最近幾年的 ROE 是否穩定，並檢視公司是否曾經因為虧損而使 ROE 變成負值（如有就先排除在名單外）。

步驟 3　運用好公司價值公式，計算價值基準

　　利用好公司價值公式 1（平均殖利率估價法）跟公式 2（預期 ROE 估價法），作為何時買進股票的參考基準。將計算出來的價值記錄在好公司名單中，並定時做價值更新的動作。

步驟 4　等待股市利空消息

　　一般來說，好公司吸引人的買點不會在大盤趨勢往上時出現，所以一定要有耐心等待股價回跌。平時可利用大盤所處位置來判斷入場時機，重點要耐心等待好的買點出現，之後才能安心的享受投資帶來的獲利。

第 226 頁將有股票價值估算 Excel 工具可下載，幫你快速估算出好公司價值。

富朋友的致富分享

想要破窮又致富
就靠這5個理財工具表

富朋友獨家設計的
5 個 Excel 理財工具，
立即上網下載
讓你存錢投資更省力！

股票價值估算器

下載網址 http://blog.17rich.com/bktool/

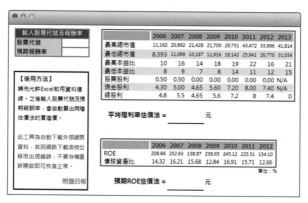

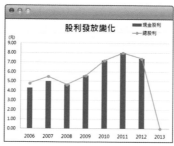

使用說明：

　　填入公司股票代號及預期報酬率，表格會自動抓取該公司的財務報表，然後依照平均殖利率估價法（好公司價值公式 1）及預期 ROE 估價法（好公司價值公式 2）估算公司價值。此工具可省去查詢財報及估算的時間，作為定期觀察公司價值變化很有幫助。

貸款提前還款計算器

下載網址 http://blog.17rich.com/bktool/

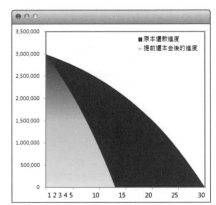

使用說明：

提早還款等於是逆向投資，增加自己的現金流。現在就用這個工具來幫自己算算，提前還清貸款可以省下多少時間與金錢。

一般常見的貸款都是屬於本息平均攤還的還款方式，所以如果每期還款愈多，總繳的利息就會愈少。

下載工具後只要輸入目前貸款的餘額、貸款利率、貸款剩餘期數，還有每個月可以多還款的金額，表格就會自動算出可省下的利息與還款時間。

電子理財記帳本

下載網址 http://blog.17rich.com/bktool/

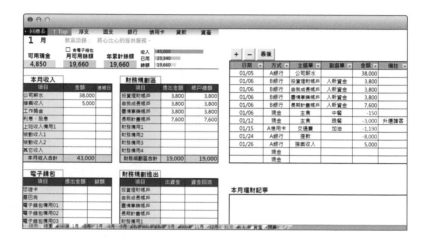

使用說明：

如果你平時沒有慣用的記帳方式，推薦你可以使用我設計好的 Excel 電子記帳本。這個記帳本原型是我個人一直在使用，分享到網路上後受到很大的迴響，許多網友都回饋對自己在存錢與理財上很有幫助。我認為這記帳本可以幫助使用者做到以下幾點：

1. 用流水帳的方式記帳，簡單又直觀。

2. 專屬財務規劃區，可事先分配未來需要用的錢。

3. 能建立正確的現金流觀念。

4. 不需做預算也能達到預算功能。

5. 銀行存款、信用卡額度管理。

6. 自動將記帳資料轉成圖表檢視。

7. 個人淨值的記錄追蹤。

　　這個電子記帳本最大的特色，就是加入功能帳戶理財法的分配概念，因為記帳不只是記錄，最重要的目的是幫自己存下更多的錢，而不是只了解花了多少錢。另外記帳的方式最好是能簡單、直覺，畢竟在外工作了一整天，回到家還得記錄當天的瑣碎花費也不是件輕鬆的事，此時類似用紙加筆的方式記流水帳反而快速又方便。所以我在設計電子記帳本時，就思考如何把流水帳的便利性給結合進來，然後再利用 Excel 的分析功能來發揮記帳真正的好處：追蹤、分析與規劃預算，讓持續記帳變成一種容易的事。

功能帳戶現金流分配器

下載網址 http://blog.17rich.com/bktool/

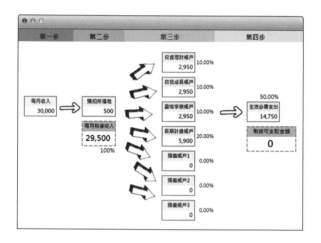

使用說明：

　　此工具可快速計算每月功能帳戶所應分配金額，每填寫完一個功能帳戶金額，表格會自動計算剩餘可分配的稅後收入還有多少。

　　工具裡有兩種分配方法可選擇，第一種是填入每月要分配的金額，表格會自動算出該帳戶分配金額占稅後收入百分比；第二種是設定每月要分配的比例，表格會自動算出該帳戶所需分配稅後收入的金額。

　　只要當收入有所變動，或是分配計畫有改變時，就可以利用這工具快速制定新的分配計畫。

滾雪球還債法自動排序器

下載網址 http://blog.17rich.com/bktool/

● ○ ○ 貸款資訊填寫表			
貸款名稱	貸款對象（銀行）	貸款剩餘金額	每月應繳款金額
信用貸款	XX銀行1	$100,000	$6,500
信用卡貸	XX銀行2	$30,000	$3,100
車貸	XX銀行3	$350,000	$8,888
房貸	XX銀行4	$5,000,000	$21,000
創業貸款	爸媽	$3,000,000	$10,000

● ○ ○ 滾雪球還債排序					
	貸款名稱	貸款對象（銀行）	貸款剩餘金額	每月應繳款金額	還款順序
☑	信用卡貸	XX銀行2	$30,000	$3,100	1
☑	信用貸款	XX銀行1	$100,000	$6,500	2
☐	車貸	XX銀行3	$350,000	$8,888	3
☐	創業貸款	爸媽	$3,000,000	$10,000	4
☐	房貸	XX銀行4	$5,000,000	$21,000	5
☐					
☐					
☐					
☐					
☐					

使用說明：

依表格項目輸入貸款名稱、貸款對象（銀行）、貸款剩餘金額、每月應繳款金額，輸入完後表格會依照滾雪球還債法的觀念，自動依貸款剩餘金額由小到大排出還款順序。每當還清一筆貸款後，就在該貸款名稱左邊的格子上打勾確認，表格就會自動將該筆貸款刪除。

●國家圖書館出版品預行編目資料

下班後賺更多：記帳、存錢、再投資，富朋友的「破
窮理財法」提早20年退休不是夢 . -- 初版. -- 臺北市：
三采文化, 2014.01
　　面；　公分. --（iRICH 14）

ISBN　978-986-342-037-8〔平裝〕

1.投資 2.理財

563.5　　　　　　　　　102022234

suncolor
三采文化集團

iRICH **14**

下班後賺更多：

記帳、存錢、再投資，富朋友的「破窮理財法」提早20年退休不是夢

作者	富朋友理財筆記站長 艾爾文
主編	黃迺淳
插畫	三豐果多創意行銷有限公司
美術編輯	優士穎有限公司 陳佩君／曾雅綾
封面設計	林奕文
攝影	林子茗
發行人	張輝明
總編輯	曾雅青
發行所	三采文化股份有限公司
地址	台北市內湖區瑞光路513 巷33號8F
傳訊	TEL:8797-1234　FAX:8797-1688
網址	www.suncolor.com.tw
郵政劃撥	帳號：14319060
	戶名:三采文化股份有限公司
初版發行	2014年 1月4日
24刷	2021年 12月15日
定價	NT$300